西洋人文學參考資料選目及提要

盧秀菊 ——— 著

The Humanities
Reference Sources
A Selected Annotated
Bibliography

The Humanities Reference Sources
A Selected Annotated Bibliography

Shiow-Jyu Lu

自序

　　當人類知識與時俱增，而資料資訊不斷推陳出新之際，難免興生而有涯，學無止盡之歎。圖書館長久以來肩負傳承人類文化遺產，保存傳佈最新資料資訊之使命，功不可沒。而圖書館員在建置圖書館館藏，調查圖書館使用者需求，指引參考工具及文獻資料利用方面，亦扮演重要角色。國內外大學之圖書館學與資訊科學相關系所，在培育圖書館專業人員，傳授圖書資訊學專業知識技能方面，亦卓有貢獻。為教導學生對圖書資料之掌握與利用，圖書館學與資訊科學相關系所課程藍圖中，皆規劃開授參考資料、人文學文獻、社會科學文獻、科技文獻等相關課程。本書作者長年講授西洋人文學文獻課程，除教導本科系所學生學習外，亦深感人文學學者從事學術研究，收集資料不易，因思將授課及研究心得，撰成本書，除以利教學外，亦期對人文學學者之蒐集資料，有所助益。

　　本書有關人文學文獻之介紹，偏重西洋人文學，語文則限於西文，尤以英文資料為主，文獻內容則偏重於參考工具書之介紹。簡言之，本書之內容如下：探討人文學之意義、性質與學科範圍，人文學之資料類型與參考資料，以及西洋人文學重要參考資料選介。而以第二章至第七章，西洋人文學各學科參考資料選介，為本書重心，所包括之學科有：人文學、哲學、宗教、語言與文學、視覺藝術、表演藝術六學科。該六章所選介的參考書目，皆附提要，對該書目做簡略述評。

　　作者在國立台灣大學圖書資訊學系所執教，自一九八八學年度至二〇一〇學年度，無論專任或兼任期間，皆教授「人文科學文獻」課程。專任期間，一九九七年曾出版《西洋人文學參考資料選目》一書，該書分五章，其中第二章與第三章為全書重心，選列人文學、哲學、宗教、語言與文學、視覺藝術、表演藝術六學科之參考資料。因作者授課用該書之書目，故出版時，僅列書目，刻意不附提要，以免學生作業不尋訪原書查檢，直接抄錄提要內容。然而，自一九九七年出版該書以來，已有十五年之久，上課時所選書目已逐年更新，該書書目有部分過時；因此，此次出版乃全部更新修訂，並加入提要，故更改新書名為：《西洋人文學參考資料選目及提要》（*The Humanities Reference Sources: A Selected Annotated Bibliography*）。

　　本書之內容，乃由作者教授西洋人文學文獻課程，歷經二十二年之教材不斷增修編輯完成。其目的在教導圖書館學及資訊科學相關系所學生，於修課學期，尋訪原件，實際利用而熟習各參考資料之內容，俾使日後從事圖書館工作時，能提供完善之參考服務。西洋人文學參考資料數量龐大，而每學年上課時數有限，書目乃作者參酌各權威著作，選擇諸家推薦而極為重要者。因限於作者之學養與本書之篇幅，編選之書目，難免見仁見智，掛一漏萬。作者之所以不忖鄙陋的將此書出版，實由於當前圖書資訊學界尚缺乏此類以中文撰寫的教材。如本書出版有助於國內圖書館學與資訊科學系所之教學，將本書列為上課參考或閱讀教材；同時，人文學學者於蒐集資料時，將本書列為指引書單按圖索驥；則本書幸盛，亦不枉作者之出書初衷，與有榮焉。

　　本書作者才疏學淺，本書之編選，如有遺漏偏頗之處，尚祈各位先進專家學者，不吝賜教指正。

盧秀菊　謹識
二○一二年十二月
國立臺灣大學圖書資訊學系所

contents

The Humanities Reference Sources
A Selected Annotated Bibliography

西洋人文學參考資料選目及提要

chapter 1
人文學及其參考資料

第一節　人文學之意義與性質

人文學是人類知識領域中一重要學門，英文稱為 Humanities。當代學術界對人文學所作的釋義，擇要述之如下。

John P. Immroth解釋人文學為，人對他自己，他自己與其他人的關係、以及他對宇宙的關係，所作創作性的、想像性的、精神上的、與智識上的鑑賞；並作意識型態的、美學的，和主觀性的研究。人文學涉及的是人類知識領域中，創作、想像及主觀的部份。[註1]

簡明大英百科全書（中文版）解釋人文學，指與人類和文化有關或與分析、判斷人類價值和獨特的精神表現的研究方法有關的學科。[註2]

以上為當前人文學一詞的簡釋。人文學一詞的意義及所包含的學科，隨著時代的不同，古今有所不同。

西方的人文學傳統起源於羅馬時代西塞羅（Marus T. Cicero, ca.55 B.C.）提出的，培養雄辯家的教育綱領，而後成為古典教育的基本立場，近世則成為「博雅教育」（Liberal arts education）的基礎。[註3] 而早在西元前五世紀以後的古典希臘時代，人文學亦作為教育和訓練體系中的一門教育課程。[註4]

在古典希臘羅馬時代，文學是人文學的主要內容；而廣義的說，任何研究人類心智（the mind of man）有關的學問皆可稱為人文學。文藝復興時代（十四至十六世紀），人文學和神學成為相對立的二名詞，凡研究宗教以外的知識及學問的，皆可歸入人文學的範疇。同時，人文學以研究古典希臘及拉丁經典著作為主流，以人為本位而探究之；[註5] 其科目包括一切與宗教無關的學術研究，如文法、修辭學、詩學、歷史、道德哲學、古典希臘及拉丁文學作品等。[註6]

近代人文學理論的形成，以下二位學者的貢獻最大。十九世紀末葉，德國哲學家狄爾泰（Wilhelm Dilthey, 1833-1911）提出Geisteswissenschaften（Human Science, 人本科學）一詞，認為人文學的主題或探討的對象與自然科學有根本上的差異。其後，新康德學派思想家李凱爾特（Heinrich Rickert, 1863-1936）則認為，最能表現出人文學特質的是研究方法而不是主題。他同時指出：自然科學的目的在於從個別的案例中導出一般規律，而人文學則著重

個案的研究，關切的是個體在人類文化和人文背景中的獨特價值，並不尋求一般規律。^{（註7）}

　　二十世紀，人類知識領域，就純知識領域而不含知識應用而言，可分為自然科學（Natural Science）與人類科學（Human Science）二大類；而自然科學下又分物理科學（Physical science）和生物科學（Biological science），人類科學下又分社會科學（Social sciences）和人文學（Humanities）。物理科學、生物科學、社會科學、人文學即是構成現代大學課程中「通識課程」（Common education）的核心科目。^{（註8）}此外，如合併純知識與知識應用二者，則人類知識又可分為人文學、社會科學、自然科學與應用科學三大類。^{（註9）}

　　人文學與其他二大類科學在研究內容與方法上皆有差異。人文學以探討人類的思維與精神產物為主，重點在個體及其表達上，注重獨特性、原創性、複雜性與表達性；其方法是尋求瞭解其現象背後的內在意義所作的理解與詮釋，注重個案的探討，而非通則的尋求。因此，一般稱人文「學」而不稱人文「科學」。^{（註10）}

第二節 人文學之學科範圍

人文學所包括的學科，並無一致的說法。依據美國成立國家人文基金會（National Endowment for the Humanities）及國家人文與藝術基金會（National Foundation on the Arts and the Humanities）的法案（Act），給人文學下的定義頗為寬廣，包括的學科有歷史、哲學、語言、文學、語言學、考古學、法學、藝術史與批評、倫理學、比較宗教學等。（註11）

一般而言，構成人文學的三個基本學科為文學、音樂和藝術。戲劇藝術可視為文學的分科，舞蹈與音樂相關，服裝與藝術有關。兩門探討意識型態的學科，哲學與宗教亦屬人文學範疇。神話學、傳說與民俗學亦是相關學科。此外，歷史、語言與語言學亦可屬於人文學範圍，雖然這三科與社會科學相關性亦不低。心理學一度被視為人文學，因其最早是哲學的分科。（註12）

人文學概論的著作，所含學科亦因寫作目的及讀者對象而異。以 The Humanities in Western Culture（**西方文化中之人文學**）為例，該書即以西方歷史上各時代的社會、科學、宗教、哲學為背景，探討人文學各學科如何反應其時代的需求，並以何種形式與結構表現在該時代的人們生活中。該書所探討的人文學包括文學、繪畫、音樂、雕塑、建築、舞蹈等學科。（註13）

　　人文學文獻的著作，所含學科，亦迭有改變。1957年，美國芝加哥大學教授Lester Asheim的經典教科書**The Humanities and the Library**（**人文學與圖書館**）（註14），包括的學科有：宗教、哲學、藝術、音樂、文學。最新的教科書，Ron Blazek and Elizabeth Aversa的 **The Humanities: A Selective Guide to Information Sources**（**人文學資料指引**）第五版，（註15）所包括的學科有：哲學、宗教、視覺藝術、表演藝術、語言與文學。以上二書為此類介紹人文學文獻或資料的代表著作。

　　近代人文學包括宗教，似乎悖離了中古及文藝復興時代，人文學與神學是相對名詞的觀念。然而，如果我們接受人文學是一種學識的形式並與美學有關，並利用人文學科中的文學、藝術和音樂以表達宗教之美，則有足夠理由將宗教納入人文學範圍之中了。（註16）

　　據一項學者研究指出，人文學的學科具有以下特性：

1.人文學不似科學，無單一的典範（unitary paradigm）。
2.人文學的進展是累積的（cumulative），隔代的作品可以互相關連，不因時代之不同而古今隔絕；有別於科學的進展是循序漸進的（sequential），一項定理、發明導出另一項定理、發明。
3.人文學，尤其是藝術，是象徵的、具體的、獨特的，其表現是間接的；不同於科學，是精確的、抽象的、

概括的，其表現是直接的。（註17）

人文學各學科間之關係密切，知識脈絡及理念思路有互通而相互發明之處，如宗教學及哲學皆探討萬有（being）、人性、神性等問題，藝術、建築及音樂皆可寓有宗教意義，而文學作品往往是戲劇、舞蹈、電影的腳本。（註18）

第三節　人文學之參考資料

人文學領域內各學科及各主題的資料，依寫作針對的讀者對象而言，皆分為學術性和通俗性二種，但其中學術性資料佔大多數。

此外，人文學資料又包括三類：

1. 一手資料，或原始資料：文學、宗教、哲學之原始文本（text）、音樂之原始樂譜、藝術品之原始物件、經編輯過的原始文本。此類原始資料之真偽，由考證學者研究辨識之。

2. 二手資料，或次級資料：對原始文本、樂譜、物件之批評、詮釋、探討、欣賞之著作。

3. 三手資料，或三級資料：教科書、導論書、通俗本、傳記、歷史、各科參考工具書等。（註19）

人文學各學科的資料，其寫作的方法及涵蓋的內容，以大類區別之，不外乎以國別、時期、體裁三者區分之。舉例而言，有美國文學、現代音樂、詩歌選集等。除以上三者之外，在文學類，尚有以論題（theme）區分的，如有關人性殘酷的小說。[註20]

總之，人文學資料可簡單歸納為以下三類：

1.原文或原件：是原始創作的成果。

2.詮釋或批評性文獻：對原文或原件加以詮釋、批評、探討、評介、欣賞之作品。

3.有特殊目的或讀者對象的文獻：專題研究、導論、教科書、通俗性讀物、查檢資料之參考工具書、專業消息和報導等。[註21]

人文學參考資料是尋找人文學資料之鑰。透過參考工具書，使用者收集其興趣所在的研究或主題的相關資料。人文學所涵蓋的各學科，皆有參考資料。各學科的參考資料除了以各主題或專題分之外，尚有以資料體例分的，常見的如：字典、辭書、百科全書、書目、索引、摘要、年鑑、曆書、名錄、手冊、便覽、標準、統計資料、傳記資料、地理資料、政府官書、視聽資料、線上資料庫、網路資料等。

人文學應包括那些學科，見仁見智，並無一致的定論。人文學參考資料所涵蓋的學科與人文學資料的範圍相同。就國內外圖書館學及資訊科學系所開設的相關課程而言，所採用的教科書，收錄學科範圍亦迭有更替。以下第二章將介紹人文學參考資料，所涵蓋的學科將一併討論之，此處先略過不論。

‖ 註釋 ‖

註1　John P. Immroth, "Humanities and Its Literature," in **Encyclopedia of Library and Information Science**, ed. Allen Kent and Harold Lancour (New York : Dekker, 1968-83), v.11, p. 73.

註2　**簡明大英百科全書**（臺北：台灣中華書局，民國77年）冊9，頁397。

註3　李亦園、呂正惠、蔡源煌編著，**人文學概論**（臺北：國立空中大學，民國83年四版），頁6。

註4　同註2。

註5　Ron Blazek and Elizabeth Aversa, **The Humanities : A Selective Guide to Information Sources,** 5th ed. (Englewood, Colo. : Libraries Unlimited, 2000) , p.1.

註6　同註2。

註7　同註3。同註2，頁6-7。

註8　同註3，頁3。

註9　同註4。

註10 同註2，頁4。

註11 National Endowment for the Humanities, **Program Announcement** (Washington. D.C. : The Endowment, n.d.)　此處引自Bonnie MacEwan, "A Bibliography of Basic Humanities Information Sources," **Show-Me Libraries** 36 : 9 (June 1985), p.19.
Commission on the Humanities, **Report** (New York : 1964)。此處引自Thomas D.Gillies, "Humanities Libraries and Collections," in **Encyclopedia of Library and Information Science**, ed. Allen Kent and Harold Lancour (New York : Dekker, 1968-83), v.11 (1974), p.64.

註12 同註1，頁74-75。

註13 Robert C. Lamm, **The Humanities in Western Culture**, 10th ed. (Madison Dubuque, Iowa : Brown & Benchmark Publishers, 1996).此書為美國大學通識課的教科書之一，版本經常修訂，有一冊或二冊一套的。本書作者偏愛此版二冊一套者，印刷精美。

註14 Lester Asheim, **The Humanities and the Library** (Chicago : American Library Association, 1975).

註15 同註5。本書之第六版,本書作者日前(2012年12月4日)在美國國會圖書館目錄(Library of Congress Catalog)上查到,書目資料如下:**Information Resources in the Humanities and the arts**. 6th ed. Anna H. Perrault and Elizabeth Aversa; with contributing authors Cynthia Miller and Sonia Wohlmuth. Santa Barbara, Calif.: Libraries Unlimited, an imprint of ABC-CLIO, 2013. (To be published)

註16 同註1,頁72。

註17 John P. Immroth,"Humanities and Its Literature,"in **Encyclopedia of Library and Information Science**, ed. Allen Kent and Harold Lancour (New York : Dekker, 1963-83), v. 11, pp. 75-77.

註18 Scott Stebelman,"Vocabulary Control and the Humanities : A Case Study of the MLA International Bibliography," **The Reference Librarian**, No. 47 (1994), p. 62.

註19 同註1,頁75-77。

註20 同註1,頁77-78。

註21 同註1,頁10。

chapter 2
西洋人文學參考資料選介

　　國內外圖書館學及資訊科學系暨研究所皆開設有關「西洋人文學文獻」、或「西洋人文學資料」等課程。因此，半世紀以來，出版了不少優良教科書。從教科書所涵蓋的學科範圍，亦可看出西洋人文學的發展。以下先介紹重要參考書，次討論其所涵蓋的學科。

一、西洋人文學參考資料：教科書與論文

　　以下四本是美國圖書館學與資訊科學研究院，過去五十年來所最通用的教科書。Asheim（1957）書是第一本此方面教科書，被奉為經典著作；三十六年後，Couch & Allen（1993）始加以修訂改寫，為第二版。此二書主要介紹人文學一般資料，及人文學各學科文獻，並探討處理資料的方法如分類編目等，是將圖書館作業和資料的主題內容相結合的首部著作；其目的在期望圖書館學研究院學生修習此課，能對圖書館圖書資料之主題內容有較深入的瞭解，不僅限於浮面的技術服務層面，以期對圖書館使用者提供較深入的學科主題內容方面的服務。

　　Rogers（1979）是另一本教科書的第二版，其前版亦為Rogers主編，於1974年出版；其後的第三、四、五版皆由Blazek修訂。此五書的內容皆是在人文學總類及各學科之下專章簡單介紹該學科內容，並另有專章詳細介紹該學科書目。

The Humanities and the Library. Lester Asheim. Chicago：American Library Association, 1957.

人文學與圖書館。本書為美國芝加哥大學（University of Chicago）圖書館學研究院（Graduate Library School）一門課程的教科書。把分類編目與人文學各主題內容相結合，以五學科為章名：宗教、哲學、藝術、音樂、文學，培育學生有關人文學參考服務的知能。

The Humanities and the Library. 2nd ed. Nena Couch and Nancy Allen, eds. Chicago：American Library Association, 1993.

人文學與圖書館。本書為上本的第二版，其出版與前書前後相距三十六年。其編輯體例依舊，分藝術、歷史、文學、音樂、表演藝術、哲學、宗教等學科，較上書增加了新主題。

The Humanities. 2nd ed. A. Robert Rogers. Littleton, Colo.：Libraries Unlimited, 1979.

人文學。本書為一系列人文學教科書的第二版。全書編排，先以人文學及其所屬學科分為：人文學、哲學、宗教、視覺藝術、表演藝術、文學六門類；每門類之下分二章，一章介紹各該學科的主題特性和文獻特性，另一章介紹各該學科的參考工具書。全書共12章。

The Humanities：A Selective Guide to Information Sources. 5th ed. Ron Blazek and Elizabeth Aversa. Littleton , Colo. : Libraries Unlimited, 2000.

人文學：資料指引。本書為一系列人文學教科書的第五版。上一本為其第二版；其後第三版和第四版皆由Ron Blazek主編。編排體例依舊，全書編排，先以人文學及其所屬學科分為：人文學、哲學、宗教、視覺藝術、表演藝術、文學六門類；每門類之下分二章，一章介紹各該學科的主題特性和文獻特性，另一章介紹各該學科的參考工具書。全書共12章。

以下二本，是介紹人文學及社會科學的參考書及資料的教科書，廣受好評。

Reference Books in the Social Sciences, and Humanities. Rolland E. Stevens and D. C. Davis, Jr. Urbana, Ill.：Illini Union Bookstore, 1977.

人文社會科學參考工具書。本書為訓練學生從事參考服務時，解答問題的實務練習教材。涵蓋人文學與社會科學的各學科。其中人文學涵蓋的學科有哲學、宗教、文學、音樂、藝術、戲劇與舞蹈。

Retrieval of Information in the Humanities and Social Sciences : Problems as Aids to Learning. 2nd ed. Thomas P. Slavens. New York：Dekker, 1989.

人文社會科學資訊搜尋。本書為一書目提要型工具書（Annotated Bibliography），涵蓋人文學與社會科學的各學科。其中人文學門介紹哲學、宗教、藝術、音樂、文學等的重要參考資料，並有實務練習的教材──「問題」，協助學生作練習，尋找「問題」答案。

Balay（1996）和Walford （2005） 是二本最著名且通用的綜合性西文參考工具書指引，包括自然與應用科學、社會科學、人文學三大部份，分別在美、英二國出版，為各類型圖書館的參考部門中的必備參考書。

Guide to Reference Books. 11th ed. Robert Balay, ed.. Chicago : American Library Association, 1996. (B：The Humanities.)

參考工具書指引。本書為美國出版的，最重要的一套一大巨冊的參考工具書指引；出版至今，不斷修訂，成為圖書館參考架上必備參考工具書之一。涵蓋人文學、社會科學、自然與應用科學。本書介紹上述三大門類各學科的參考工具書書目，以資料類型分述之。在期刊、指引、評論、歷史、傳記、名錄、索引摘要、百科全書等類型下，各條書目有簡短提要（Annotation）。本書之人文學部份，涵蓋以下九學科：哲學，宗教，語言學，文學，純藝術，應用藝術，戲劇與表演藝術，音樂，運動娛樂和旅遊。

The New Walford Guide to Reference Resources, Ray Lester , ed. London: Facet Pub., 2005-2008. 3 v.
>   v.1, Science & Techonology
>   v.2, Social & Historical Sciences, Philosophy & Religion
>   v.3, Generalia, Language & Literature, the Arts

參考資料指引。本書為英國出版的最重要的一套三冊參考資料指引，原書名為：Walford's Guide to Reference Materials；出版至今，不斷修訂，成為圖書館參考架上必備參考工具之一。全套三冊為三部份，包括科學與技術、社會科學、人文學。三部份之下，以國際十進分類法（UDC）之主題分類，每一主題下又細分，各條書目有提要。此外，本書附有著者與書名、主題、線上資料庫的索引。第二部份與人文學相關的部份的學科有：哲學與宗教。第三部份人文學部份的學科有人文學總論、藝術、語言與文學。

本書1981年曾出版簡明節縮本：Walford's Concise Guide to Reference Materials. A. J. Walford, ed. London : The Library Association, 1981，亦具參考價值。

　　中文教科書方面，僅以下一冊，體例與Rogers相同，人文學及其各學科，分別由學科之內容和書目二章介紹之。

西洋人文學文獻概論。曾素宜編著。臺北：中西留學出版社，民國70年。

本書是現今台灣，以中文寫作，少數有關「人文學文獻」課的教科書之一，是曾素宜當年客座淡江大學授課講義的結集。內容包括人文學、宗教、哲學、文學與語言、視覺藝術、表演藝術六門類。每一學門都分兩章；一章介紹該學科的性質、發展、重要流派、代表性作品、重要人物及其貢獻，另一章則是該學科的重要參考書書目，列各書原文書名及中文譯名、書目資料、並附中文提要。全書共12章。

　　論文方面，本書僅選百科全書文章三篇，因其深入淺出，具有權威性。以下所列第一篇，探討西洋人文學學術研究的意義與性質，以及其從古希臘羅馬時代、中古時代、文藝復興時代以迄二十世紀之人文學學術研究歷史。第二篇探討西洋人文學及其文獻的定義、性質、分類法，以及人文學者之文獻蒐尋。第三篇則探討西洋人文學及其館藏。

"Humanistic Scholarships, History of," in **New Encyclopaedia Britannica**, Macropaedia, 15th ed. 1974, revised 1980, v.8, pp. 1170-1179.

「**人文學史**」。本文探討人文學的學術歷史。分三方面：古物、文學、藝術、哲學、文化的歷史；人文學教學的歷史，含教學機構、課程、師生關係等；人文學者理念的發展歷史。本文包含以下分節：人文學科的意義與性質，古代（希臘、希臘化、拉丁文化期）的人文學，中古（西方教會、拜占庭帝國、西方傳統）的人文學，文藝復興時期的人文學，以及十八至二十世紀的人文學。

"Humanities and Its Literature," in **Encyclopedia of Library and Information Science**,ed. Allen Kent and Harold Lancour (New York：Dekker, 1968-83), v.11 (1974), pp. 71-83.

「**人文學與其文獻**」。本文探討人文學的定義、資料與分類、人文學者的學術研究等。人文學意義，引用大英百科全書（Encyclopedia Britannica）和學者Lester Asheim等人的詮釋。人文學文獻涵蓋的學科有文學、音樂、藝術、戲劇、舞蹈、哲學、宗教、語言學等的一手、二手、三手資料；資料分類則介紹DDC, LCC等分類法中，人文學相關的類號。人文學者的學術研究，其特性則引用學者John E. Burchard 之研究結論。

"Humanities Libraries and Collections," in **Encyclopedia of Library and Information Science**, ed. Allen Kent and Harold Lancour (New York：Dekker,1968-83),v.11 (1974),pp. 64-71.

「人文學圖書館與館藏」。人文學包括的學科，一般傳統說法，涵蓋哲學、宗教、語言學、文學、藝術、戲劇、音樂、應用藝術等；亦採用美國國家人文基金會的廣義學科定義，涵蓋更多的學科。不同學科的人文學圖書館館藏內容不同，每一所人文學圖書館皆應有其適當的館藏；因此介紹人文學圖書館的基本館藏書目，並介紹世界著名的人文學圖書館作為例證。

此外，有不少期刊論文探討人文圖書館的參考服務，如 **The Reference Librarian** 就有整期探討"Reference Services in the Humanities"，圖書館員對此類期刊應定期查檢閱讀。

▌二、西洋人文學概論：圖書與論文

為充實人文學背景知識，有助於應用參考工具書以進行資料之蒐集，人文學導讀與概論性之專書與文章亦是不可或缺的讀物，茲介紹幾種如下：

An Introduction to the Humanities, A Study-Discussion Program for Adults. 2nd ed. University of Chicago. Chicago：The University, 1959.

人文學概論。本書為美國芝加哥大學（University of Chicago）通識課程「人文學概論」的教科書之一。本書對象為一般自修讀者或修習課程的學生，可做為一般讀者自習教本或學生課堂討論之教材。本書附有「問題」，協助學生練習。涵蓋一般人文學、文學、音樂、視覺藝術等學科。

The Humanities in Western Culture : A Search for Human Values. 10th ed. Robert C. Lamm. Madison Dubuque, Iowa：Brown & Benchmark Publishers, 1996.

西方文化中之人文學。本書為美國大學通識課程「人文學概論」的教科書之一。本書之人文學，包括文學、繪畫、音樂、雕塑、建築、舞蹈等的技藝，同時也包含貫穿上述各學科的哲學理念。本書透視西方文化中重要的藝術產品；先探討各時代的社會、科學、宗教、哲學背景，次討論藝術如何反應其時代需求；換言之，經由以上審視，發現每個時代的藝術新形式和結構，皆是該時代生活形態的反應。有新版，版本經常修訂，有一冊或二冊一套的。本書作者推薦此1996版二冊一套者，印刷精美。

人文學概論。四版。沈君山主編；顏元叔等著。臺北：東華書局，民國78年。
本書乃清華大學通識課程「人文學概論」的教科書，分上、下二冊。全書共五章，分由不同學者講課：顏元叔，文學概論；林文月，中國文學；顏元叔，西洋文學；郭博文，哲學；許倬雲，歷史。本書乃上課的內容經由錄音整理編輯而成。

人文學概論。四版。李亦園、呂正惠、蔡源煌編著。臺北：國立空中大學，民國83年。
本書乃空中大學通識課程「人文學概論」的教科書，分上、下二冊。本書共五篇，分由不同學者講課：呂正惠，中國文學；蔡源煌，西洋文學；張永堂，歷史學；林正弘，哲學；李亦園，文化學。五篇之前有「導言」，由李亦園執筆。

二十世紀之科學。劉世超等編。臺北：正中書局，民國55年。第八至十二輯：人文科學之部。
本百科全書出版於民國55年，可惜迄今尚無修訂版。本書共十二輯，涵蓋科學、社會科學、人文學三大部份。第八到十二輯是人文科學之部，依序為哲學、史學、文學、藝術、宗教五學科。
人文科學之部的「序」，乃名學者林語堂和毛子水二位執筆。五
學科之下又細分專題，分由不同學者執筆。細目如下：第八輯哲
學：中國哲學、西洋哲學、道德哲學、教育哲學等。第九輯史
學：社會學與史學、方志學與史學等。第十輯文學：詩歌、散
文、小說、戲劇、文學批評等。第十一輯藝術：繪畫、書法、雕
塑、音樂、攝影、建築等。第十二輯宗教：道教、佛教、天主
教、基督教、回教等。

"Humanities," in **New Encyclopaedia Britannica**,
Macropaedia, 15th ed. 1974. revised 1980, v.8, pp. 1179-
1183 ; Micropaedia, 15th ed. 1974, revised 1988, v.6, pp.
138-139.

「人文學科」。本文以人文學為大學中的一學門，述其學科範
圍。引用美國國家人文基金會的廣義學科定義；討論在古代希
臘、羅馬時期，中古時期，文藝復興時期，人文學的意義與教育
內容；探討人文學的現代課題，介紹一般技藝、語言功能、特殊
能力、一般經驗四種理論；最後討論人文學和通識教育的關係。

"Humanism," in **New Encyclopaedia Britannica**,Macropaedia,
15th ed. 1974, revised 1988, v.20, pp. 723-734.

「人文主義」。本文探討人文主義的原始意義、基本原則和態
度；人文主義早期的歷史，十五世紀的文藝復興時代，人文主義
與藝術、科學、基督教的關係；人文主義的未來發展等議題。

「人文學導言」，在李亦園等編著，**人文學概論**。臺北：國立空
中大學，民國79年。
本文為人文學概論一書的導論文章，分四節探討人文學的性質、
範圍、源流、以及其教育方面的意義。本文重點在說明人文學為
人類知識領域中之一支。人類知識可二分為：自然科學與人類科
學。自然科學包括物理科學和生物科學；人類科學包括社會科學

和人文學。此外，人文學與教育關係密切，尤其與通識教育的關係密切。

▌三、西洋人文學資料：電腦資料庫、線上檢索與網路資源

電腦在人文學之應用，已有四十餘年歷史，因電腦科技日新月異，此方面書籍不少，但皆容易過時，以下僅列二本較重要的。

Citation Indexing : Its Theory and Application in Science, Technology, and the Humanities. Eugene Garfield. New York : Wiley, 1983.

引用索引之理論與實務。本書探討引用索引之觀念、歷史、產生、設計。著者Garfield為引用索引之原創者。本書共十章，偏重於「科學引用索引」（Science Citation Index）之闡述。其為三大引用索引中最早成書的。

Computers and the Humanities, 1967- . New York: North-Holland Publishing Co., 1967- .

電腦與人文學期刊。本期刊收集電腦與人文學方面之論文、書評、摘要。論文必須是未在他處發表的，語文可用英、法、德文；非英文論文須附英語摘要。

線上檢索的論文在1980年代，以教導如何檢索的為多，其後則集中在檢索行為、資料庫選擇、及線上檢索對人文學之影響等課題。此外，亦有關於Hypertext與CD-ROM之論文散在各期刊中，如：**Library HiTech, CD-ROM**

Professional, JASIST。而**Library Trends**，每期皆有主題，亦
包含"Electronic Information for the Humanities"之類的主題。

近年來，電腦、通訊與網路結合，使得資料之取用更為
便捷，下列指引書籍，僅是一例。

The Internet Compendium : Subject guides to Humanities Resources. Louis Rosenfeld, Joseph Janes and Martha Vander Kolk. New York: Neal-Schuman Publishers, 1995.

網路人文學資源指引。本書就人文學各學科，如建築、聖經、影
片與視聽資料、新聞、哲學、通俗音樂、神學、宗教研究、戲劇
與表演研究等，列其網路資源。雖久未修訂，大部分網頁過期；
但此書出版時，很受歡迎，算是一新穎出版品。

總之，電腦資料庫、線上檢索及網路都提供人文學者便
捷的查尋途徑，但此類圖書或網頁，更迭速度快，容易過
時。^{（註1）}

▌四、西洋人文學參考資料：選目

以上介紹西洋人文學參考資料之重要教科書與論文、西
洋人文學概論之讀物、以及西洋人文學線上資料庫及網路
資源。本節則選列圖書館中經常被查檢的西洋人文學參考
資料，並附提要。

Library Problems in the Humanities : Case Studies in Reference Services, Collection Building, and Management. Paris : K. G. Saur, 1981.

人文學相關之圖書館問題。本書包括圖書館處理人文學相關問題的28個「個案研究」。涵蓋的學科有：藝術、文學、神話學、音樂、哲學、宗教等。本書涵蓋圖書館管理、館藏發長、參考服務、人文學文獻等方面議題，可協助館員與學生更深入瞭解人文學者在圖書館應用方面的問題。

Serial Bibliographies in the Humanities and Social Sciences. Richard A. Gray. Ann Arbor, Mich. : Pierian Press, 1969.

人文社會科學期刊書目。本書介紹人文學與社會科學方面的書目，包括定期出版的書目、期刊或年刊內的書目，以現刊為主，亦含已停刊的。期刊排列以杜威十進分類法（DDC）的十大類分類，十類期刊皆涵蓋在內，而以人文學與社會科學二類期刊為主。書後有書名、著者、主題三索引。

Walford Guide to Current British Periodicals in the Humanities and Social Sciences. A. J. Walford, ed. London : Library Association, 1985.

人文社會科學期刊指引。本書介紹英國方面有關人文學與社會科學的期刊。以國際十進分類法（UDC）之主題十大類分列期刊。人文學與社會科學方面包括哲學、心理學、社會科學、語言、藝術、文學、歷史學科。書後有書名、著者、主題三索引。

*Humanities Index. New York : Wilson, 1974- . Quarterly with annual cumulation.

人文學索引。本索引前身是Social Sciences and Humanities Index (1965-1974)，1974年以後分成Social Sciences Index 和Humanities Index二種。最初依據300種以上人文學期刊

內的論文作成索引。現在期刊種數更多，逐年增加，可透過
WILSONLINE 檢索。亦出版光碟（CD-ROM）版。

The American Humanities Index. Troy, N. J. :Whitson, 1975- .
Quarterly with annual cumulation.

美國人文學索引。本索引乃依據學術性、創新性、批評性較高的
人文學期刊，將其論文作成索引。此類期刊未被其他索引服務所
收，亦很少與上一本Humanities Index相重覆。例如本索引之
1986年秋季號，即收有許多小型雜誌，是其他索引所未收的。
編排方式為論文條目分列於主題和著者之下。

British Humanities Index. London : The Library Association,
1962- . Quarterly with annual cumulation.

大英人文學索引。本索引從原Subject Index to Periodicals
（1915-1961）分出，1962年以後改為此名稱。依據300多種英
國人文學期刊內的論文作成索引。季刊本以主題編列論文，年彙
編本有作者索引。甚少與上本Humanities Index相重複。但與下
本Arts & Humanities Citation Index有些重複。亦含社會科學方
面的論文。

*Arts & Humanities Citation Index. Philadelphia : Institute for
Scientific Information, 1978- . Semiannual.

人文學引用索引。本索引為美國Institute for Scientific
Information (ISI) 機構出版的三大引用索引之一。所收期刊種數
多，內容豐富。一般而言，每年收錄1,000種期刊的全部，5,000
種期刊的部份，將其論文作成索引。全書分四大部份：Source
Index是期刊論文索引，依著者排列；Permuterm Subject
Index是交替主題索引；Citation Index是論文中被引用書目之
索引；Corporate Index是機構等索引。本索引線上檢索可透過
DIALOG等系統。另出版光碟（CD-ROM）版。

Periodical Indexes in the Social Sciences and Humanities:A Subject Guide. Lois A. Harzfeld. Metuchen, N. J. : Scarecrow, 1978.

人文社會科學期刊論文索引。本索引收人文學與社會科學期刊之論文。論文條目依主題編排。大部分論文是英語，亦有少數法語、德語、及其他歐語論文。

Index to Social Sciences and Humanities Proceedings. Philadelphia : Institute for Scientific Information, 1979- . Quarterly with annual cumulation.

人文社會科學會議論文集論文索引。本索引將蒐集不易的人文學與社會科學會議論文集中的論文編成索引。論文各條目下列其會議名稱、時間、地點，主辦單位，出版單位等資訊。

Chicorel Index to Abstracting and Indexing Services : Periodicals in Humanities and the Social Sciences. 2nd ed. Marietta Chicorel, ed. New York : Chicorel, 1978. 2 v.

人文社會科學期刊的索引摘要服務。本索引收錄人文學與社會科學的期刊或連續出版品50,000種，說明每一種被收在紙本或線上的索引或摘要服務中，作成索引或摘要的情形。由此而知，某種期刊內的論文，可以透過那幾種索引或摘要服務而被檢索到。

Current Contents : Arts and Humanities. Philadelphia : Institute for Scientific Information, 1979- . Weekly.

人文學現刊目次。本現刊目次包含各不同學門。藝術與人文方面總共收入1,300種以上的期刊，而每週所收期刊約100種左右。有時亦含圖書的目次。有書名、論文名、著者名索引。ISI公司提供原文傳遞服務。線上檢索可透過DIALOG等系統查檢。

‖ 註釋 ‖

註1　Ron Blazek and Elizabeth Aversa, **The Humanities : A Selective Guide to Information Sources,** 5th ed. (Englewood, Colo. : Libraries Unlimited, 2000), pp. 8-10.

chapter 3
西洋哲學參考資料選介

　　哲學方面，原始性資料，以哲學家本人作品（原文、譯文）最多，期刊內哲學家發表的論文次之，自傳較少。研究性作品有哲學史、哲學家傳記、教科書、參考資料等。參考工具書則包括字典、辭書、百科全書、索引、摘要、目錄等。（註1）

　　本章所介紹的西洋哲學參考資料取材於Blazek，Couch & Allen及其他著作。（註2）

　　本章所介紹的參考資料以參考工具書為主，如該參考工具書已可透過線上（On-line）或光碟（CD-ROM）檢索，則加註記號＊。其他的媒體資料繁多，不在選介之列，尚祈讀者見諒。

一、指引、書目、索引（Guides, Bibliographies, Indexes）

The Philosopher's Guide to Sources, Research Tools, Professional Life, and Related Fields. Richard T. De George. Lawrence, Kans. : The Regents Press of Kansas, 1980. 261 p.

哲學資料與研究工具指引。本書涵蓋哲學及其相關之人文學、宗教、藝術、數學等參考工具書，含書目、索引、字典、百科全書等類型。以英文工具書為主，亦收法、德、義、俄、拉丁等重要出版品。

Research Guide to Philosophy. Terrence N. Tice and Thomas P. Slavens. Chicago : American Library Association, 1983. 608 p.

哲學研究指引。本書涵蓋哲學史和哲學專題，1981年以前的出版品4,000餘種。有著者、書名索引，附有50本重要哲學參考書提要。

A Bibliography of Philosophical Bibliographies. Herbert Guerry. Westport, Conn. : Greenwood, 1977. 332 p.

哲學書目之書目。本書收世界各國1450-1974年間，2,353種哲學書目。分列哲學家和專題二部份的書目。收單獨出版的書目、期刊中的書目，小部份有提要。附人名索引。

Philosophy : A Guide to the Reference Literature. 3rd ed. Hans E. Bynagle. Littleton, Colo.: Libraries Unlimited, 2006. 385 p.

哲學參考文獻指引。第一版於1986年出版。本書以英文文獻為主，重點在敘述和評估哲學方面一般性和特殊性的資料，包括期刊和協會的專章。提要詳細，附著者、書名、主題索引。

A History of the Bibliography of Philosophy. Michael Jasenas. New York : George Olms, 1973. 188 p.

哲學書目史。本書介紹1592-1960年西方語文的書目，分列於五時期之下：文藝復興、近代德國、德國啟蒙、後康德、二十世紀。附論文清單、人名索引。

World Philosophers and Their Works. John K. Roth, ed. Pasadena, Calif. : Salem Press, 2000. 3 v.

世界哲學家及其作品。本書介紹哲學經典著作，對像是哲學系學生及一般讀者。依時間先後排列作品，每部作品列簡介及評論文章，以英文資料為主，附進一步研讀資料。

Guide to Chinese Philosophy. Charles Wei-Hsun Fu and Wing-tsit Chan. Boston : G. K. Hall, 1978. 262 p.

中國哲學指引。本書是二位旅美中國學者陳榮捷及傅偉勳所著，以英文撰寫的提要書目。全書分十六部份討論之，如：中國哲學史、倫理學、人之性質、比較哲學等。有著者、書名二種索引。

Philosophy Journals and Serials : An Analytical Guide. Douglas H. Ruben, comp. Westport, Conn. : Greenwood Press, 1985. 147 p.

哲學期刊指引。本書列300種以上英文期刊，依刊名字母排列：每一期刊下，列相關資料、出版刊期、出版社等外，尚列有對該期刊的注釋、分析、或評論。有主題、地理二種索引。

Dissertations in Philosophy Accepted at American Universities, 1861-1975. Thomas C. Bechtle and Mary Riley. New York : Garland, 1978. 537 p.

美國大學哲學博士論文。本書收集1861-1975年間，美國與加拿大120所大學獲得哲學博士學位的7,500篇論文。論文依著者姓名排列。在1912年以前，特別收入其他書目未收入的論文。附主題索引。

*The Philosopher's Index : An International Index to Philosophical Periodicals and Books. 1967- . Bowling Green, Ohio : Philosophy Documentation Center, Bowling Green

State University. Quarterly with annual accumulation.

全球哲學論文索引。每年自二、三百種期刊中,選出上千篇論文作成索引。每一篇論文排列在著者及主題之下,故每一篇論文重覆出現數次,但提要僅列在著者條目之下。期刊包括英、法、德、西、義文,以及其他語文的期刊。1980年以後亦收入英文圖書。論文提要以英文撰寫。書評另有單獨的索引。可透過DIALOG等系統作線上檢索,亦發行CD-ROM。

*The Philosopher's Index : A Retrospective Index to U.S. Publications from 1940. Bowling Green, Ohio : Philosophy Documentation Center, Bowling Green State University, 1978. 3 v.

美國哲學論文回溯索引。本書收入美國出版品,包括1940-1966年間15,000篇論文,1940-1976年間6,000本圖書。全套三冊,第一、二冊是主題索引,無提要;第三冊是著者索引,附提要。可透過線上檢索。

*The Philosopher's Index : A Retrospective Index to Non-U. S. English Language Publications from 1940. Bowling Green, Ohio : Philosophy Documentation Center, Bowling Green State University, 1980. 3 v.

英文哲學論文回溯索引。本書收入美國以外的英文出版品,包括:1940-1966年間12,000篇論文,1940-1978年間5,000本圖書。全套三冊,第一、二冊是主題索引,無提要;第三冊是著者索引,附提要。可透過線上檢索。

Bibliographie de la philosophie / Bibliography of Philosophy. Paris : Vrin, 1954- . Quarterly.

全球哲學論文索引。刊名時有改變。由數所國際機構支持,獲得聯合國教科文組織與法國國家科學研究中心的經費支助。如今只做圖書的摘要，不收論文。書之原文如是英、法、德、義、西文，則摘要用該語文撰寫；如是其他語文，則摘要用英語或法語撰寫。將哲學分成十大類編排圖書條目。附著者、書名、關鍵語三種索引。

▌二、字典、百科全書、手冊
（Dictionaries, Encyclopedias, Handbooks）

A Dictionary of Philosophy. 2nd ed. Anthony Flew, editorial consultant; and Jennifer Speake, ed. New York : St. Martin's Press, 1984. 380 p.

哲學字典。本書被譽為哲學領域最好的字典之一。適用於一般讀者或專家。第一版之編者Flew是著名的英國哲學學者，本第二版仍掛名。條目簡明，涵蓋哲學各方面，亦含哲學家之傳記資料。本字典雖簡單，但相當實用。內容以英美哲學為主，亦包括歐洲或中國哲學。無索引。

Dictionary of Philosophy. Ivan Timofeevich Frolov, et al., ed. New York : International Publishing, 1985. 464 p.

哲學字典。本書由俄文的字典翻譯而來，古代及非西方哲學較客觀，現代哲學包括共產黨之馬克斯主義、列寧主義的思想，有其偏見。所收俄國哲學家，許多為其他西方哲學字典所未收。

A Dictionary of Philosophy. 3rd ed. Alan Robert Lacey. London : Routledge & Kegan Paul, 1996. 386 p.

哲學字典。本哲學字典以一般讀者及學生為使用對象。其條目對哲學之問題及學派思想有清晰的闡釋。內容以英美哲學為主，不包括東方哲學。偏重認識論及邏輯學方面的專題，包括哲學家條目。附詳細書目，可進一步研讀。條目有參照。

Enciclopedia filosofica. 2nd ed. Florence, Italy : Sansoni, 1968-69. 6 v. Repr. & rev., 1982. 8 v.

哲學百科全書。本書第一版是下一書未出版前最好的哲學百科全書。以義大利文撰寫。具學術性，由專家署名寫成，附書目。內容偏重歐洲哲學，特別偏重義大利哲學，少數東方哲學。

The Encyclopedia of Philosophy. Paul Edwards, ed.-in-chief. New York : Macmillan, 1967. 8 v. Repr.,1972, 8 v. in 4.

哲學百科全書。全書共1,500篇文章，涵蓋自古以來的世界哲學；主題有哲學運動、哲學觀念、哲學思想及哲學家等。由世界各國1,500位學者執筆，150位編輯合作完成。對哲學工具書有相當好的介紹。本書很受好評。

Concise Encyclopedia of Western Philosophy. 3rd ed. Jonathan Ree and James O. Urmson, eds. London, New York : Routledge, 2005. 398 p.

簡明西方哲學百科全書。本書對象是一般讀者。條目包括哲學潮流、哲學名詞、西方哲學家及其貢獻。其前二版出版於1960年與1975年，本書是第三版，每一版條目皆有增加。本書附哲學家圖像。未列參考書目。

The Encyclopedia of Eastern Philosophy and Religion : Buddhism, Hinduism, Taoism, Zen. Ingrid Fischer-Schreiber, et al., eds. Boston : Shambhala, 1989. 468 p.

東方哲學與宗教百科全書。本書從德文著作翻譯而來。全書共4,000條目，包括東方哲學與宗教名詞及傳記，條目長短不一，依字母順序排列。長篇條目闡釋宗教教義時，會詮釋其所受歷史及文化的影響。附參考書目，無索引，但用參照引見相關條目。有圖表，示明東方哲學與宗教傳統的傳承。本書是最早出版有關東方哲學與宗教的百科全書之一。

Dictionary of Asian Philosophies. St. Elmo Nauman, Jr. New York : Philosophical Library, 1978. 372 p.

亞洲哲學字典。本書包括中東及遠東哲學,對一般西方學者處理東方哲學的偏見有導正作用。在上一書出版前,是唯一有關東方哲學的英文參考書。本字典包括東方哲學的名詞、觀念、哲學家條目,文章長短不一。本書被Hans E. Bynagle評為有所遺漏,例如缺乏一篇伊斯蘭哲學的長文。儘管如此,在先前缺乏東方哲學字典的情況下,本書有參考價值。

Dictionary of Marxist Thought. 2nd ed. Tom Bottomore, ed. Cambridge, Mass. : Blackwell, 1991. 647 p.

馬克斯思想字典。本書第一版於1983年出版,是英美學者對現代馬克斯思想呈現在美學、倫理學、知識理論方面探討的一本結集,有馬克斯思想各派別及哲學家之探討。第二版比第一版增加了馬克斯哲學觀點的分析,例如,「分析的馬克斯主義」、「社會主義社會的危機」、「市場社會主義」。尤其當蘇聯解體後,本書更提供西方世界對馬克斯思想的觀點,成為探討馬克斯主義不可或缺的參考書。

Handbook of World Philosophy : Contemporary Developments Since 1945. John R. Burr, ed. Westport, Conn. : Greenwood Press, 1980. 641 p.

世界哲學手冊。本書探討世界哲學在當代1945-1977年間的發展:將世界分成六大區域:西歐、東歐、美洲、非洲、中東、亞洲:共28篇論文。論文附書目。所收資料是其他同類圖書所未收。附主題、人名二種索引。

▍三、傳記、名錄（Biographies, Directories）

Thinkers of the Twentieth Century. Roland Turner, ed. Chicago : St. James Press, 1987. 977 p.

二十世紀思想家。本書第一版出版於1984年，收430位思想家；本第二版，增至480位思想家。除100位是哲學家外，其餘皆是因其理念著名並具影響者，例如：甘地、涂爾幹、路易士等。每篇文章2,000字左右，闡釋思想家的思想，列其著作，論其影響。無主題索引是此書缺點。

Great Thinkers of the Western World : The Major Ideas and Classic Works of More Than 100 Outstanding Western Philosophers. Ian P. McGreal, ed. New York : Harper Collins, 1992. 572 p.

西方世界偉大思想家。本書收116位，自希臘時代至二十世紀，在哲學科學、社會科學領域中知名者，闡述其在西方文化中之重要性及其影響。條目是在各主題之下，依思想家之生年排列，述其主要思想、簡傳、其作品之貢獻，附書目。有些是署名文章。本書讀者對象是大學程度的學生。

Fifty Major Philosophers : A Reference Guide. 2nd ed. Diane Collinson and Kathryn Plant. New York: Routledge, 2006. 292 p.

五十位主要哲學家。本書是第二版，第一版於1987出版。讀者對象是學生和非專家。所收五十位哲學家皆已去世，對西方世界有重大影響的。各哲學家條目之下，列其簡傳，述其貢獻，探討其思想及影響西方文化發展的方向。附書目。論者批評本書選擇哲學家的標準，實乃見仁見智。附語彙表，約50條名詞。

International Directory of Philosophy and Philosophers.
1966- . Bowling Green, Ohio : Philosophy Documentation
Center, Bowling Green State University, 1966- . Irregular.

國際哲學與哲學家名錄。本期刊與下一期刊互補。本期刊不含
美、加地區。每一期分三部份：國際性哲學組織；大學之哲學
科系及教員名錄；哲學家、大學、中心、會社、期刊、出版社
的索引。

Directory of American Philosophers,1962/63- . Archie Bahm,
ed. Bowling Green, Ohio : Philosophy Documentation
Center, Bowling Green State University, 1965- . Biennial.

美國及加拿大哲學家名錄。本期刊與上一期刊互補。本名錄先以
州排，再以人名排。有哲學家、機構、中心、出版社等的索引。

四、歷史（Histories）

The History of Philosophy. Emile Brehier. Trans. by Joseph
Thomas and Wade Baskin. Chicago : University of Chicago
Press, 1963-69. 7 v.

哲學史。本書之法文本於1926-1932年間發行。本英文本乃據法
文本第九版翻譯而成。本英文本成為標準本的哲學通史，以其敘
事清晰、涵蓋完備而著稱。全書一套七冊，以時代先後排列如
下：希臘時期，希臘化及羅馬時期，中古及文藝復興時期，十七
世紀，十八世紀，1800-1850年，1850年以來。

A History of Philosophy. Frederick Charles Copleston. New
York : Image Books, 1985. 9 v. in 3.

哲學史。本書著者Copleston是哲學學者，自1945年第一次出版以來，已成為標準本的哲學通史。本書自古希臘、羅馬時代開始，以西方哲學時期或學派作為每卷的標題，例如：希臘、羅馬哲學，中古哲學，理性主義，功利主義等。本書九卷分裝三冊。第九卷則涵蓋至法國沙特的存在主義。每卷有書目及索引。

A History of Western Philosophy. 2nd ed. Bertrand Russell. London : Routledge, 1961. 842 p

西方哲學史。本書是英國哲學家羅素所著，乃羅素在美國賓州一基金會中一系列演講的結集。論點是將西方哲學視為社會及政治生活中不可缺少的部份，並論及哲學家。本書被哲學學者評為淺顯，但不失為可讀的哲學通俗著作。本書強調政治、經濟、社會等方面，乃反應著者本身的學養及思想傾向。本書有多次重印本（reprint）。

The Oxford Illustrated History of Western Philosophy. Anthony Kenny, ed. New York: Oxford University Press, 1994. 407 p.

牛津繪圖本西方哲學史。本書涵蓋古代迄今的西方哲學通史，資料豐富，可讀性高。依歷史年代分成六單元，由不同的著者執筆，敘述哲學及其所受到政治的影響。有150幅彩色繪圖、地圖、以及年代表。有2006年重印本（reprint）。

▌五、網路資源（Internet Resources）

Philosophy in Cyberspace: A Guide to Philosophy-Related Resources on the Internet. 2nd ed. Dey Alexander, ed. Bowling Green, Ohio: Philosophy Documentation Center, 1998. 404 p.

哲學網路資源指引。本書是網路上哲學及其相關學科資源的指引。1996年初版。本二版收1,500網站，分為五大部份，其下又分50個類別，例如：哲學各專題；全文相關的書目及電子期刊；學會及會社等組織；各種論壇；以及會議和課程等雜項。

‖ **註釋** ‖

註1　Nena Couch and Nancy Allen, **The Humanities and the Library**, 2nd ed.（Chicago: American Library Association, 1993）, pp. 228-230.

註2　Ron Blazek and Elizabeth Aversa, **The Humanities : A Selective Guide to Information Sources**, 5th ed.（Englewood, Colo. : Libraries Unlimited, 2000）, pp. 41-63, Chapter 4。同註1，頁230-234。

chapter 4
西洋宗教參考資料選介

　　宗教在人文學中是跨學科的，宗教的思想、理念、信仰等反應和表現在文學、哲學、表演藝術、視覺藝術中。西文宗教資料相當多，可大致分為原始文獻、批評性文獻和歷史性文獻。原始文獻又稱一手資料，包括宗教各教經典原文、譯文，各宗教團體的正式文件、檔案，宗教人士的自傳、証道、信仰歷程，教士的宣教、輔導會眾的記載等。批評性和歷史性文獻包括原始文獻之外的資料，大致上是所謂二手資料，即對上述原始文獻加以闡釋、研究、批評或做歷史性綜述的工作。此外，參考資料則為三手資料，導引使用者尋找原始或二手資料。除一般的書本媒體形式之外，宗教資料尚包括期刊、視聽資料、電腦資料庫、線上檢索服務等。[註1]

　　本節所列的西洋宗教參考資料以書本媒體為主，乃參考Blazek和Couch & Allen，以及其他著作編輯而成。[註2]

　　本章所介紹的參考資料以參考工具書為主，如該參考工具書已可透過線上（On-line）或光碟（CD-ROM）檢索，則加註記號＊。其他的媒體資料繁多，不在選介之列，尚祈讀者見諒。

▋ 一、指引、書目、索引（Guides, Bibliographies, Indexes）

Reference Works for Theological Research : An Annotated Selective Bibliographical Guide. 3rd ed. Robert J. Kepple and John R. Muether. Lanham, Md. : University Press of America, 1992. 250 p.

神學研究參考書選目。本書介紹神學研究之方法及其工具書，共收800本參考書，附提要。全書39章，分二大部份：（1）宗教、神學之一般參考工具書，如：字典、百科全書等類型。本第三版較前版增加線上檢索資料庫及光碟。（2）宗教、神學個別主題的參考工具書，如：實踐神學、崇拜及儀式、聖經研究、教會歷史等主題。本書以基督新教（Protestant）為主，天主教另有他書。附著者、書名二種索引。

Religious Information Sources : A Worldwide Guide. J. Gordon Melton and Michael Koszegi. New York : Garland, 1992. 569 p.

世界宗教資訊資料指引。本書介紹宗教方面的參考工具書、書目、資料庫、縮影資料庫等，亦列有宗教機構，如：口述歷史館藏、專業學會、研究中心等。全書包括2,500條目，先依主題排列，其下再依地區排列。基督教部份涵蓋各教派。雖然評論者認為有些主題處理的深度不夠，但本書涵蓋主題較廣，為世界宗教資訊資料之便利參考工具書。

Library Research Guide to Religion and Theology. James Kennedy. Ann Arbor, Mich. : Pierian Press, 1984. 60 p.

宗教及神學相關圖書館研究指引。本書之著者是圖書館員。本書簡潔易讀，附有實例。書後附參考資料。

Research Guide to Religious Studies. John F. Wilson and Thomas P. Slavens. Chicago : American Library Association, 1982. 192 p.

宗教學研究指引。本書以圖書館員、學生、一般民眾為使用對象。分二部份：第一部分為討論宗教學研究方面的重要文獻。第二部份含200種以上參考工具，如：書目、字典、百科、地圖等。以宗教史與宗教發展有關之研究資料為主。

Contemporary Religions: A World Guide. Ian Harris, et al., eds. Harlow, Essex, UK: Longman; distr., Detroit: Gale, 1992. 511p.

當代世界宗教指引。本書涵蓋當今世界現存的所有宗教。全書分三部份：(1)主要宗教傳統：7篇文章，附有參考書目。(2)宗教團體和運動：800篇文章，文章長短不一，100字到2,000字，文章條目包括各種宗教信仰、教派、宗派、宗教活動、宗教組織。(3)各國宗教綜述：依國別敘述各國宗教之分布與影響。第二部份為主體，主題分配相當均勻。附語彙表，無書目是其缺點。

Religions of the World. 3rd ed. Neils C. Nielsen, et al. New York : St. Martin's Press, 1993. 536 p.

世界宗教。本書由專家執筆，雖為學生入門書，亦可作為進一步研究興趣之導引。全書分八部份：第一部份探討宗教問題與概念。第二至八部份探討世界現存之宗教。有插圖，各章有書目，另有全書總書目。

Theological and Religious Reference Materials. G. E. Gorman and Lyn Gorman. New York : Greenwood Press, 1984-86. 3 v.

神學與宗教之參考資料。本書預定出四冊：第一冊為一般神學；第二冊為教義；第三冊為應用神學；第四冊為比較神學、非基督教之其他宗教。每冊有引言及書目提要，每冊有作者、書名、主題索引。

Religious Periodicals Directory. Graham Cornish, ed. Santa Barbara, Calif. : ABC-Clio, 1986. 330 p.

宗教期刊名錄。本名錄涵蓋全球性期刊，收宗教及其相關資料，如歷史、人類學、藝術、文學等之期刊。先依世界六大區域：美加、拉丁美洲、歐洲、非洲、中東、亞洲及太平洋（亞太）排列；次在各區之下列各國，各國之下列期刊；每種期刊列其刊名、出版者、語文、刊期。全書共列1,700種期刊，並說明各期刊被收在索引與摘要服務內的情況。有題名、地理主題二種索引。

Religious Books, 1876-1982. New York : R.R. Bowker,1983. 4 v.

宗教圖書書目。本書列1876-1982年，在美國出版之130,000種圖書，依LCSH之分類編排，從ABPR中選出。包括宗教及相關學科的書，第一至三冊依LCSH的類別排，第四冊為題名／著者索引。被評為選擇編排不甚妥當。

A Bibliography of Bibliographies in Religion. John Graves Barrow. Ann Arbor, Mich. : Edwards, 1955. Repr. 1969. 489 p.

宗教書目之書目。本書根據著者1930年之博士論文，收入十五世紀以來之重要宗教書目。依大類排，下再依年代排。以基督教為主，亦含其他宗教與重要宗教人物之書目。有人名索引。

Religious Bibliographies in Serial Literature : A Guide. Michael J. Walsh, comp. Association of British Theological and Philosophical Libraries. Westport, Conn. : Greenwood Press, 1981. 216 p.

連續出版品中宗教書目指引。本書收定期列有宗教書目之178種連續出版品。涵蓋範圍廣，幾乎西方語皆包括在內。其宗教書目有評論敘述、完整度分析，說明獲得方式、一般用途。有主題和書目索引。雖對歐洲期刊觀點稍偏，仍不失為一實用之工具書。

International Bibliography of the History of Religions.
1952/1954-1979. Leiden : Brill. Annual.

國際宗教史書目。本書將500種有關宗教、考古、古物之期刊內的論文編成書目。論文涵蓋原始、史前、古典時期之宗教、現存宗教之歷史。出版不能即時，往往期刊出版六、七年後才將其論文編成書目。

*Religion Index One: Periodicals. 1949/1953- . Chicago：American Theological Library Association, 1953- . Quarterly, Semiann. Bienn. Cum.

宗教索引一：期刊論文。1949/53出版名稱為：Index to Religion Periodical Literature。1977年改今名。本索引早期代表基督新教之觀點，改今名後擴充其範圍，亦含少數猶太教和天主教之期刊。從300種宗教期刊中將其論文作成索引，以主題和作者兩者排列。書評另作索引。透過DIALOG可回溯查詢，另有CD-ROM發行。

*Religion Index Two: Multi-Author Works. 1976- . Chicago：American Theological Association. Annual.

宗教索引二：多位著者作品之論文。所謂多位著者作品，係指：編輯本、文集、紀念集（festschriften）、論文集等。將上述宗教作品內之論文作成索引。可透過DIALOG查詢，亦有CD-ROM發行。

*Religious and Theological Abstracts. 1958- . Myerstown, Pa. : Religious and Theological Abstracts, 1958- . Quarterly.

宗教與神學摘要。本書將全球300種宗教與神學期刊之論文作成摘要。提要以英文撰寫,每篇約100字左右。每年期刊有主題、作者、經典(Scripture)索引。包括基督教(以新教為主)、猶太教與回教。分五類排列論文:聖經的(經典的)、神學的、歷史的、應用的(信仰的)、社會的。有CD-ROM發行。

A Scholar's Guide to Academic Journals in Religion. James Dawsey. Metchen, N. J. : Scarecrow, 1988. 290 p.

學術性宗教期刊指引。本書收學術性期刊530種,資料由出版社提供,列:期刊名、地址、性質、收在何種索引服務內等,介紹詳細。依主題排列,書末附期刊名之字母順序索引。

Catholic Periodical and Literature Index. 1969- . Haverford, Pa. : Catholic Library Association, 1969- . Bi-monthly. Cum. every 2 years.

天主教圖書與期刊論文索引。每年將25,000種圖書和135種期刊內的論文作成索引,依作者和主題排列。以英語資料為主。其前身為:Guide to Catholic Literature, 1888-1940,書和小冊子之作者/題名/主題索引;Catholic Periodical Index, 1939-1967,英文期刊之索引。

Index to Jewish Periodicals, 1963- . Cleveland Heights, Ohio : The Index, 1963- . Semiannual.

猶太期刊論文索引。每期將40-45種有關猶太信仰或生活之英文期刊(含通俗及學術期刊)內論文及書評作成索引。索引以作者和主題排列。

Critical Guide to Catholic Reference Books. 3rd ed. James Patrick McCabe. Englewood, Colo. : Libraries Unlimited, 1989. 282 p.

天主教參考書評介指引。第一版1971年出版，列900本有關天主教之參考書。第二版1980年出版，擴充至1,100本書，以英文著作為主，外文佳作亦包括在內。第三版1989年出版，約1,000本書，分五章，涵蓋一般參考書、神學、人文學、社會科學、歷史圖書。有摘要，有作者／題名／主題混合索引。

2000 Books and More : An Annotated and Selected Bibliography of Jewish History and Thought. Jonathan Kaplan, ed. Jerusalem : Magnes Press, Hebrew University, 1983. 483 p.

猶太歷史與思想選目。本書共收2,000本書，語文有希伯來、英、德、西、葡、法文等。先以時代分，再以時期或主題分。導言和人名索引用英文和希伯來兩種文字。以學生、教師、圖書館員為對象，為猶太研究學之參考工具書。

Asian Religious Studies Information. Carmel, N.Y. : The Institute for Advanced Studies of World Religions, 1987- .

亞洲宗教研究資訊期刊。本期刊介紹宗教圖書、期刊內論文、圖書內之參考書目、博士論文等。條目依字母順序排列，其下列該條目有關之參考書、論文等。有主題索引和姓名索引。

Guide to Chinese Religion. David Yu. Boston : G. K. Hall, 1985. 200 p.

中國宗教指引。本書與Guide to Buddhist Religion互補。本書介紹中國宗教圖書及文章，除佛教外，尚有道教、儒教、老子、甚至「毛教」（Maoism）。本書是G. K Hall Series: The AsianPhilosophies and Religions Resource Guides七種著作之一。書中所列資料，可透過The Institute for the Advanced Study of World Religions獲得影本或縮影本（片）。

Guide to Buddhist Religion. Frank E. Reynolds, et al. Boston：G. K. Hall, 1981. 415 p.

佛教指引。本書含1,000種圖書和期刊論文，介紹佛教之一般歷史、宗教思想、經典、信仰之實踐等。偏重英文著作。有作者／題名索引和主題索引。缺點是沒有列出引用期刊之清單。本書是G. K Hall Series: The Asian Philosophies and Religions Resource Guides七種著作之一。書中所列資料，可透過The Institute for the Advanced Study of World Religions獲得影本或縮影本（片）。

Guide to Hindu Religion. David J. Dell, et al. Boston：G. K. Hall, 1981. 461 p.

印度教指引。本書含2,000種圖書和期刊論文，介紹印度宗教，涵蓋廣，甚至包括藝術和人類學。提要文字佳，附書目。有所引用期刊之清單並附提要。只有作者索引，沒有主題、題名索引。本書是G. K Hall Series: The Asian Philosophies and Religions Resource Guides七種著作之一。書中所列資料，可透過The Institute for the Advanced Study of World Religions獲得影本或縮影本（片）。

Guide to Islam. David Ede, et al. Boston：G. K. Hall, 1983. 261 p.

回教（伊斯蘭教）指引。本書含3,000種圖書和期刊論文，介紹回教宗教和文化。以英文著作為主，收到1977年以前作品。本書是G. K Hall Series: The Asian Philosophies and Religions Resource Guides七種著作之一。書中所列資料，可透過The Institute for the Advanced Study of World Religions獲得影本或縮影本（片）。

▌二、字典、百科全書、手冊
（Dictionaries, Encyclopedias, Handbooks）

A New Handbook of Living Religions. John R. Hinnells, ed. Cambridge, Mass.: Blackwell Publishers, 1997. 902 p.

現存世界宗教手冊。全書分章介紹宗教教理、實踐、儀式、習俗、教訓、傳統。每章探討一宗教，由專家執筆，附書目。有全書總索引和書目。缺點是較少提及近年之宗教活動、圖片不夠精良。

A Dictionary of Comparative Religion. S. G. F. Brandon. New York : Scribner's, 1970. 704 p. Repr. 1988.

世界宗教字典。英美學者署名寫成，包括世界各宗教之信仰、儀式、重要人物、派別、會議、經典等。現今不存在之宗教也包括在內。述及宗教對各民族文化之貢獻。有地區、人名、主題索引。

Eerdmans' Handbook to the World's Religions. Rev. ed.Pat Alexander, organizing ed. Grand Rapids, Mich. : Eerdmans, 1994. 464 p.

世界宗教手冊。從宗教研究之立場介紹現存或已消失的世界宗教，其有關之歷史、人物、起源、崇拜、風俗等。有300張圖片（100張彩圖）。可透過人名、名詞、主題查檢。

The Eliade Guide to World Religions. 1st ed. Mircea Eliade, et al. San Francisco : Harper-SanFrancisco, 1991. Rep. 2000. 301 p.

世界宗教指引。著者之一Eliade於1986年去世，但本書一直是優良而權威的宗教指引。有33章分別介紹現存或不存的宗教。偏重佛教、基督教、猶太教、回教之介紹。有書目。分Macro-Dictionary和Micro-Dictionary兩套。

Encyclopedia of Religion and Ethics. James Hastings, ed. New York : Scribner's, 1908-1927. 13 v. Repr. 1961, 1969, 1980.

宗教及倫理百科全書。本書自1908-27年出版以來，一直是權威、優良、通論性之宗教及倫理百科全書。文章長而具學術性，探討各國信仰、風俗、宗教運動之特色；亦包括和宗教、倫理有關之社會性話題。人類學、神話學、民俗學、生物學、心理學、經濟學之相關議題，皆涵蓋在內。文章有短（人物）有長（專題）。v.13是主題分析索引、外語字索引、文章作者索引等。本書是基督新教（Protestant）學者之著作成果，但無偏見。

The Encyclopedia of Religion. Mircea Eliade, ed.-in-chief. New York : Macmillan, 1987. 16 v. Repr. 1993, 1995.

宗教百科全書。本綜合性宗教百科，由1,400位著名學者執筆，共2,700篇文章，涵蓋宗教之傳統、宗教人物、各種專題。涵蓋廣而新穎，重點在討論各宗教之傳統，並作各宗教間之比較研究。包括世界各宗教，而東方宗教和文化部分相當受到好評。本書含宗教人士簡短傳記。索引至1987年才出版。1996年有CD-ROM出版。

New Catholic Encyclopedia. 2nd ed. Detroit : Thomson/ Gale ; Washington, D.C. : Catholic University of America, 2003. 15 v.

新編天主教百科全書。本書第一版於1967-79年出版（17 v.），是The Catholic Encyclopedia（1907-22, 17 v.）之全新版本。本書對中古文學、歷史、藝術、哲學、天主教教義有深度而優良的涵蓋。本新版代表二十一世紀天主教信仰之觀點。文章由專家署名寫成，大部分有書目。傳記限已逝人物。

The Westminister Dictionary of Christian Theology. Alan Richardson and John Bowden, eds. Philadelphia, Westminister, 1983. 614 p.

西敏寺基督教神學字典。本字典含600篇文章，由175位學者執筆撰寫，採基督新教神學觀點；包含基督新教、英國教派、天主教、東正教之相關資料。不含傳記資料。

Dictionary of Non-Christian Religions. 2nd ed. Geoffrey Parrinder. Amersham, Bucks, England : Hulton, 1981. 320 p.

非基督教之宗教字典。本二版是第一版1971年版之更新版。本字典條目，包括非基督教信仰、實踐、神祇、英雄、宗派、節慶等。以印度教、佛教、回教為主；亦包括猶太教，以及美洲、澳洲、非洲之宗教信仰。有圖片，附一般書目。

Encyclopaedia Judaica. New York : Macmillan, 1972. 16 v. Repr. 1982. 17 v. Electronic Resource, 2007.

猶太百科全書。本書涵蓋猶太文化與生活各方面議題，具權威性。本書共25,000篇文章，由1,800位專家執筆，300位編輯合作完成。文章附書目，有人物傳記，含已逝及現存人物。索引在第1冊。1972年出完全套16冊，其後以年鑑（Yearbook）逐年補充之。1982年，出版Encyclopedia Judaica Decennial Book 1973-82之十年補充本。第二版於2007年以電子資源形式發行。

Eastern Definitions : A Short Encyclopedia of Religions of the Orient. Edward Rice. Garden City, N.Y. : Doubleday, 1978. 433 p.

東方宗教語詞小百科。本書是單冊語詞典，從英文通俗性或專業性書中為語詞作解釋。條目有長有短，有專門闡釋說明各宗教基本信仰及實踐方式的款目。

Historical Dictionary of Buddhism. Charles S. Prebish. Metuchen, N. J. : Scarecrow Press, 1993. 387 p.

佛學歷史字典。著者Prebish乃著名佛學者。本字典正文254頁，對佛學名詞之闡釋及選擇皆精當，佛學名詞、事件、人物、經典、教義、實踐運動等都選入。在正文之前，有發音、佛教經典、歷史年表、地圖、導言等項。在正文後有長達98頁之分類書目，有助於進一步研讀。有參照、無索引。本字典是Scarecrow出版社，出版有關宗教哲學史字典之第一本。

▎三、傳記、名錄（Biographies, Directories）

Who's Who of World Religions. John R. Hinnells, ed. New York : Simon & Schuster, 1992. 560 p.

世界宗教人名錄。本書包括自古迄今，東西方宗教人物；雖含基督教與非基督教人物，但仍以基督教人物為多，現存宗教人物為主。如：Pope John Paul II, Sun Myuny Moon等。涵蓋26個宗教團體之人物，亦含女性，與宗教相關之傳教士、宗教家、苦行者、藝術家等人物。本書共1,500條目，由60多位專家執筆。有書目、地圖。附索引。

Who's Who in Religion. 4th ed. Wilmette, Ill. : Marquis, 1992.

美國宗教人名錄。第一版1975年、第二版1977年、第三版1985年出版。本名錄涵蓋各宗派之領袖、宗教教育家，條目由第一版之16,000人，第二版18,000人，減至第三版之7,000人，本第四版亦維持7,000人左右。名錄人選由出版社編輯部決定。條目下，列傳主之職業（如教宗、牧師）、家庭、作品、活動等。

Dictionary of Catholic Biography. John J. Delaney and James Edward Tobin. Garden City, N. Y. : Doubleday, 1961. 1245 p.

天主教傳記字典。涵蓋古今15,000位重要天主教人物之傳記，包括殉道者、聖者、宗教領袖、作者、藝術家等，凡對天主教發展及歷史有貢獻者皆收錄在內。有附錄：教皇年表、聖者之藝術符號等。

Biographical Dictionary of American Cult and Sect Leaders. J. Gordon Melton. New York : Garland, 1986. 354 p.

美國宗教教派傳記字典。Sect是信仰及意見有別於主流教派（Denomination）的一些宗教派別；Cult是思想比較激進的一些宗教派別。本書是213位美國宗教各教派（cult, sect）之創始人和領導人之傳記字典。所收皆已逝人物，每篇傳記長約300到500字。有索引。

Dictionary of American Religious Biography. 2nd ed. rev. and enl. Henry Warner Bowden. Westport, Conn. : Greenwood Press, 1993. 686 p.

美國宗教傳記字典。第一版1977年出版，第二版1993年出版。每版約五、六百位人物。所含人物廣，如Martin Luther King, Jr.，以及少數民族、女性等人物。每一條目詳述傳主之事蹟及其貢獻，附有書目。全書有總書目，另有人名、主題索引。

Who's Who in World Jewry : A Biographical Dictionary of Outstanding Jews. Judith Turk Rosenblatt. Baltimore, MD.: Who's Who in World Jewry, 1987.

世界猶太人傳記。本書含12,000位猶太科學家、藝術家、宗教家、經濟學家等傑出猶太人物之簡略傳記。傳主大部分是在美國或以色列之猶太人物，亦有在其他國家之傑出猶太人物。

The Oxford Dictionary of Popes. Updated ed. J. N. D. Kelly. New York: Oxford University Press, 2005. 349 p.

牛津本教皇字典。本字典包括265位天主教教皇，從Peter迄今。條目下，列每一教皇之家庭、社會、教育、任職前之生涯、教皇職位之事功、責任。附書目，有索引。前版於1986年出版。有附錄 "Pope Joan"，探討女教皇之迷思（myth）。

Religious Bodies in the United States: A Directory. J. Gordon Melton. New York: Garland, 1992. 313 p.

美國宗教團體名錄。分二部份排列，共1,300條目。第一部分，依宗教團體之名稱排列，下列其所在地點及其出版品。第二部分，依宗教派別之名稱排列，先排大教派，如浸信會（Baptist），路得會（Lutheran）等，再排小教派。全書有一總書目。

Directory of Religious Organizations in the United States. 3rd ed. Detroit, Mich. : Gale, 1993. 728 p.

美國宗教機構名錄。本名錄包括美國2,500個宗教與相關機構，本版較1982年第二版，增加1,000條左右。美國宗教團體，包括全國教會、宗教學會及其代表分會、義務團體、政府機構、商業組織、兄弟會姐妹會。每條目下列：宗教隸屬關係、地址、電話、負責人、活動、出版品等。有人名、功能、教會隸屬、關鍵字索引。

▌四、歷史、地圖集（Histories, Atlases）

The Oxford Illustrated History of Christianity. John McManners, ed. New York : Oxford University Press, 1993, 2002. 770 p.

牛津繪圖本基督教史。本書編者McManners為著名之教會史學者，在其領導編務下，另有18位專家相助。本書分三大部分編排：(1) 上古至1800年，(2) 1800年以來之基督教，(3) 今日與未來之基督教。三部分內，各以專文依年代先後編排。本書有350張圖片、32張彩圖、歷史事件年表、書目（提要）、詳細之主題索引。

Handbook of Church History. Hubert Jedin and John Dolan, eds. New York : Herder and Herder, 1965-81. 10 v.

教會史手冊。本書譯自德文本Handbuch de Kirchengeschichte（3rd ed. N.Y: Herder, 1962-79. 7 v. in 10）。本書是羅馬天主教觀點之教會史，探討教會之事業及歷史。從教會教義、儀式、組織之觀點探討教會之事件及人物。10冊之編排，依歷史史事之先後敘述。每冊由專家執筆。

Historical Atlas of the Religions of the World. Isma'il Ragi al Faruqi. New York : Macmillan, 1974. 346 p.

世界宗教史地圖集。本書涵蓋權威性之世界宗教史地圖，以及宗教史之學術性闡釋。地圖輔以照片、圖片，說明宗教與地理、文化之關係。全書編排，先列過去的（歷史的）宗教，次列現代整體的宗教，再次列各地區的特殊宗教。附錄有各宗教之年表，配以與現在宗教相關之教派說明。有詳細的目次。另有主題、人名索引。

The Macmillan Atlas History of Christianity. 2nd rev. and expanded ed. Franklin Hamlin Littell. New York : Macmillan, 2001. 440 p.

基督教歷史地圖集。本地圖集，從基督新教觀點，依歷史時期編排：共約200幅地圖，配以100餘幅繪圖，說明基督教之起源與發展歷史。圖片大小不一，選編相當適切。有總索引可供查檢。2001年出版第二版（修訂擴增版），頁數大幅擴增至440頁。

▌ 五、聖經（The Bible）

The Humanities : A Selective Guide to Information Sources.
5th ed. Ron Blazek, and Elizabeth Aversa. Littleton, Colo. :
Libraries Unlimited, 2000.

本書，頁120-124，"The Bible : Versions and Editions"，介紹八
本重要英語聖經，列之如下：

1. **King James Version**, or, Authorized Version (1611),簡稱
   KJV

   英王欽定本聖經。本聖經是基督新教聖經中最受歡迎而歷
   久不衰的。不含Apocraphal books（偽經）。The New
   King James Version , 1990（新英王欽定本聖經），引用一
   些現代語用法，更新古語，更換十七世紀動詞形式；但維持
   原始的抒情風格（lyrical style）。

2. **Douay Bible** (1582-1610, rev. 1749-1750), 簡稱DB

   杜埃聖經。本聖經是羅馬天主教聖經本中之標準本。譯自公
   元四世紀末，St. Jerome 所譯之Vulgate Bible （拉丁語聖
   經），此本為羅馬天主教認為唯一可靠的拉丁語譯本。有別
   於基督新教聖經，本聖經將Apocraphal books（偽經）視
   為聖典（Canon），而將其納入此本中。

3. **American Standard Version**, or American Revised
   Version（1901），簡稱ASV

   美國標準本聖經。本聖經是繼English Revised Version
   （1885）出版後，美國之出版品。廣為美國基督新教徒所
   採用，尤其為美國福音教派（American Evangelical）會
   眾所喜愛。1971年，其修訂本New American Standard
   Version（新美國標準本聖經）出版。

4. **Revised Standard Version** (1952)，簡稱RSV

   修訂標準本聖經。美國各教派學者，將英王欽定本聖經
   （KJV），改寫成現代英語聖經。分二版出版：Protestant
   edition（基督新教版）、Catholic edition, with
   Apocrypha（天主教版，附偽經）。1990年，其修訂本New
   Revised Standard Version（新修訂標準本聖經）出版。

5. **The Jerusalem Bible** （1966), 簡稱JB

   耶路撒冷聖經。本聖經英語本，由多種語文之原文翻譯而
   成。先此，有一法語本 （1956)。本英語本之參考資料，引
   用法語本。本聖經曾獲獎，被譽為1966年最優良之天主教
   文獻之一。1985年，其修訂本The New Jerusalem Bible
   （新耶路撒冷聖經）出版。

6. **The New English Bible** （1971），簡稱NEB

   新英語聖經。本聖經，由英國基督新教教會之學者，歷經二
   十餘年之努力由希臘文翻譯編寫而成。本聖經採用簡潔之現
   代英語，不採用英王欽定本聖經（KJV）之風格；然而，其
   文字之流暢與典雅，不失韻文之詩意。1989年，其修訂本
   The Revised English Bible（修訂新英語聖經）出版，附註
   及導言皆增修。

7. **The New American Bible** (1971），簡稱NAB

   新美語聖經。本聖經，由美國天主教徒所譯之現代英語
   譯本，納入次要經書（Deuterocanonical books），並
   附：舊約參考讀物、聖經和天主教資訊之百科字典。1986,
   1991, 2011年，其修訂本出版。

8. **New International Version** (1978)，簡稱NIV

新國際聖經。本聖經，由各國福音教派之學者，約100餘人，歷經十三年之努力而完成。本聖經成功的運用現代英語。較美國標準本聖經（ASV）易讀易懂。本聖經之編寫，受到紐約國際聖經學會（New York Bible Society International）之支持。

The Bible Study Resource Guide. Revised 2nd ed. Joseph D. Allison. Nashville, Tenn. : Nelson, 1984. 223 p.

聖經研究資源指引。本書經多次修訂改版，對象是一般讀者，亦有助於學生和圖書館館員。對聖經版本、語詞索引、經文註釋、字典、地圖集等工具書，皆介紹其詳細內容，並述明其來源。

The Word of God : A Guide to English Versions of the Bible. Lloyd R. Bailey, ed. Atlanta, Ga. : John Knox, 1982. 228 p.

神之話語：英語本聖經指引。本指引評選九部英語聖經。評選標準包括：原始稿本、譯者註釋、英語用法。附聖經參考資料之索引。九本聖經如下：(1) Revised Standard Version. (2) The Jerusalem Bible. (3) The New English Bible. (4) The New American Bible. (5) New Jewish Version. (6) New American Standard Version. (7) Today's English Bible Version. (8) Living Bible. (9) New International Version..
以上第1, 2, 3, 4, 6, 9本聖經，見前The Humanities: A Selective Guide to Information Sources, pp.120-124,"The Bible: Versions and Editions"之詳細介紹。

Cruden's Complete Concordance to the Old and New Testament. Grand Rapids, Mich. : Zondervan, 1976. 783 p. Repr. 1984.

聖經舊約新約要語索引。本書是聖經要語索引（Concordance）中，最著名的。1737年，首次出版以來，多次修訂。本書從King James Version, 1611（英王欽定本聖經）中，找出250,000語詞，依英文字母排列。全書分三部份：一般語詞、專有名詞、偽經（Apocrypha）中語詞。

The New Jerome Biblical Commentary. Raymond E. Brown, et al. Englewood Cliffs, N. J. : Prentice-Hall, 1990. 1484 p.

新Jerome本聖經註釋。前版 The Jerome Biblical Commentary 於1968年出版。本新版註釋較前版，其內容更新三分之二。本書由美國大學內研究天主教之學者七十位編撰。全書八章，分主題討論。附書目。論者以為，本書從天主教觀點出發，並以美國學者為主，有狹隘之嫌。有主題索引、人名索引，無書名索引。

The New Bible Commentary. Rev. ed. Edited by D. Guthrie and J. A. Motyer. Grand Rapids, Mich. : Eerdmans, 1970. 1310 p.

新聖經註釋。本書是美國基督新教對聖經之註釋。以Revised Standard Version, 1952（修訂標準本聖經）為依據，本書分三部份：12篇一般性論文，舊約38書之註釋，新約27書之註釋。附：圖、表九幅。

Interpreter's Concise Commentary. Nashville, Tenn. : Abingdon, 1983. 8 v.

詮釋者簡明聖經註釋。本書1971年修訂版，僅有一冊。本1983年版擴增至八冊。以Revised Standard Version, 1952（修訂標準本聖經）為依據，本書分八部份註釋之，註釋淺明，附歷史背景、文獻、語文等資訊。八部份如下：(1) The Pentateuch 摩西五書，(2) Old Testament History舊約歷史，(3) Wisdom Literature and Poetry睿智文學與詩歌，(4) The Major Prophet 主要預言，(5) The Minor Prophets and the Apocrypha次

要預言與僞經，(6) The Gospels福音書，(7)Acts and Paul's Letters使徒行傳與保羅書信，(8) Revelation and the General Epistles 啓示錄與使徒書。

The Illustrated Bible Dictionary. Wheaton, Ill. : Tyndale, 1980. 3 v.

繪圖本聖經字典。本書由美、英、澳洲等國專家165位執筆撰寫。以Revised Standard Version, 1952（修訂標準本聖經）為主要依據，配以其他聖經本，本字典款目涵蓋聖經新舊約各書、人物、教義、重要語詞等，加以詮釋；並加入背景資料，如歷史、地理、習俗、文化等說明。有1,600幅以上圖片，如地圖、表、圖表等。附書目。評論者認為本書相當有深度。

The International Standard Bible Encyclopedia. Rev. ed. Geoffrey W. Bromiley, gen. ed. Grand Rapids, Mich. : Eerdmans, 1979-1988. 4 v.

國際標準聖經百科全書。本書自1915年第一版，1930年修訂版出版以來，一直是標準本的聖經百科全書。以教師、學生、牧師、民眾為讀者對象。以Revised Standard Version, 1952（修訂標準本聖經）為主要依據，配以其他聖經本，撰寫文章。每篇文章，闡明各語詞字源之改變，在新舊約中之意義演變，以及各語詞之發音等。有圖片，文章條目間作參照。

Cambridge History of the Bible. Cambridge, England : Cambridge University Press, 1963-70. 3 v.

劍橋本聖經歷史。本書是聖經歷史的標準本和權威本。依聖經之發展，分三期：（1）最早至Jerome於公元404年翻譯拉丁語聖經時期，闡述聖經舊約、聖經新約、早期教會之聖經。（2）西方世界公元404年至十六世紀宗教改革時期，探討聖經之製作、早期聖經繪圖。（3）宗教改革時期迄今，述明聖經各方面之發展。以上三期分裝三冊。每冊有目次、書目、參考書目，索引。

無全套三冊之索引。

The Macmillan Bible Atlas. Completely rev., 3rd ed. Johanan Aharoni and Michael Avi-Yonah. New York : Macmillan, 1993. 215 p.

聖經地圖集。本地圖集第一版於1968年出版，第二版於1977年出版。本第三版，加入1977年以來，大批聖經之古代文件及相關地區研究。本地圖集以Revised Standard Version, 1952（修訂標準本聖經）為引語及地名之依據，包括公元前3000年至公元200年間之地圖200餘幅，說明聖經舊約及新約時代，影響到宗教的社會、政治、經濟、軍事等事件。本地圖集具學術性及權威性。

New Bible Atlas. J. J. Bimson, eds. Wheaton, Ill. : Tyndale, 1985. 128 p.

新聖經地圖集。本地圖集所採用的資料來源，與前所列書 The Illustrated Bible Dictionary（繪圖本聖經字典）相同，乃英國學者之研究成果。本地圖集含80幅地圖，大部分是彩圖，製圖優良，印刷精美。本地圖集以地圖說明聖經歷史、地理、氣候、貿易路線等事件。

▋六、神話學、民俗（Mythology, Folklore）

A Dictionary of World Mythology. Rev. and exp. ed. Arthur Cotterell. Oxford : Oxford University Press., 1986. 314 p.

世界神話學字典。本版較前版（1980）擴增。以歐洲神話為主，亦包括亞洲、美洲、非洲、大洋洲之神話。本書先以地理分類，其下概述該區之神話、宗教之特徵，其下再以字母排列條目。有地圖、書目、索引。

Funk and Wagnall's Standard Dictionary of Folklore, Mythology, and Legend. Maria Leach, ed. Jerome Fried, assoc. ed. New York : Funk and Wagnalls, 1972. 1236 p. Repr. 1984.

標準神話學字典。本字典自1949-50年出版二冊之原版以來，成為標準工具書。1972年版，乃原版重印本，並改成一冊。本1984年版，乃據1972年版重印。全書共2,045款目，著者署名，附書目。文章涵蓋廣，涉及之主題有信仰、習慣、神祇、英雄、歌謠、故事、舞蹈、諺語、遊戲等。本字典以其內容豐富著稱。

The Illustrated Who's Who in Mythology. Michael Senior. New York : Macmillan, 1985. 223 p.

繪圖本世界神話學人物名錄。本書導言對神話學做一概述；含人物1,200人左右，涵蓋希臘、羅馬、中國、印度、蘇聯等國之神話學人物。每人物條目之末，附參考來源。有論題（theme）索引。

Man, Myth and Magic : The Illustrated Encyclopedia of Mythology, Religion, and the Unknown. New ed. Richard Cavendish, ed.-in-chief, compiled and edited by Yvonne Deutsch. New York : Marshall Cavendish, 1982. 12 v.

繪圖本神話學宗教百科全書。本書於1970年在英國首度出版時是24冊，被批評不相關資料太多。本1982年版，刪節成12小冊，第1-11冊依主題編排，第12冊是索引。有圖片，大部分彩圖。本書由當代專家執筆，有宗教、神話學之長篇文章；頗實用；有全書主題之分類目次，編者自訂。本書缺點是每冊太小，冊數太多，翻檢繁瑣。

The Mythology of All Races. Louis H. Gray, ed. Boston : Marshall Jones, 1916-32. Repr., New York : Cooper Square, 1964. 13 v.

世界各種族神話學。本書乃世界神話學之權威著作，百科全書性質。長篇文章敘述各種族神話。第1-12冊是各種族神話，第13冊是人名、主題索引。

本書第1-12冊，各種族神話如下：（1）希臘、羅馬，（2）條頓民族、冰島，（3）克爾特、斯拉夫，（4）芬蘭、西伯利亞，（5）閃族、猶太，（6）印度、伊朗，（7）亞美尼亞、非洲，（8）中國、日本，（9）大洋洲，（10）北美洲，（11）南美洲，（12）埃及、遠東。每冊附書目、參考資料。另附插圖，如神祇的圖像或神話事件之圖畫。

Motif-index of Folk Literature. Rev.and enl.ed.Smith Thompson. Bloomington, Ind. : Indiana University Press, 1989. 6 v.

世界民俗文學主題索引。1930年代出第一版。1955-58出修訂擴增版。本主題索引，共分23類（A-Z），其下分細類，細類下列書目。第一至五冊為本索引之主體，第六冊為全書之索引。本索引分類收錄民俗文學相關的圖書及論文，註明該筆文獻之出處。

Dictionary of Classical Mythology : Symbols, Attributes, and Associations. Robert E. Bell. Santa Barbara, Calif. : ABC-Clio, 1982. 390 p.

古典神話學字典。本字典包括希臘、羅馬時期之神話，亦包括其他古代，如亞述、埃及、古意大利之Etruscan、腓尼基等之信仰。本書涵蓋主題廣，如「酒」即其中之一條目。本字典有參照。附人名索引於書末。

▌七、網路資源（Internet Resources）

High Places in Cyberspace: A Guide to Biblical and Religious Studies on the Internet. 2nd ed. Patrick Durusau. Atlanta: Scholars Press, 1998. 302 p.

網際網路有關聖經與宗教研究指引。本指引適合學者、專家、學生、一般民眾使用。由網路上檢索到各種宗教研究、古典著作、考古工具等資源，有助於宗教與考古之探究。網路資料難以維持新穎性，故本指引須常更新，以兩年刊形式出版。本指引介紹網路上FTP、e-mail discussion list、listserv、web browser、telnet。有些網路工具，雖現已過時，但仍可見網路工具之推陳出新，更替迅速的軌跡。有進一步閱讀書目、主題索引。

｜ 註釋 ｜
註1　Nena Couch and Nancy Allen, **The Humanities and the Library**, 2nd ed.（Chicago: American Library Association, 1993）, pp. 255-267.

註2　Ron Blazek and Elizabeth Aversa, **The Humanities : A Selective Guide to Information Sources**, 5th ed. （Englewood, Colo. : Libraries Unlimited, 2000）, pp. 75-145，Chapter 6。同註1，頁261-264。

chapter 5

西洋語言與文學參考資料選介

　　本章所介紹的參考資料以參考工具書為主，如該參考工具書已可透過線上（On-line）或光碟（CD-ROM）檢索，則加註記號＊。其他的媒體資料繁多，不在選介之列，尚祈讀者見諒。

第一節　語言與語言學

　　對語言作有系統研究的學科是語言學。以下所列有關語言及語言學的參考資料，引自Blazek和Couch & Allen，及其他著作。（註1）

▌一、指引、書目、索引（Guides, Bibliographies, Indexes）

A Bibliography of Contemporary Linguistic Research.
Gerald Gazdar, et al., comps. New York : Garland, 1978.
425 p.

現代語言學研究書目。本書從專業之期刊、會議論文集、文集、圖書中找出的學術性研究、報告編輯而成。含1970-1978約5,000條目，不收1979年以前的資料，所收資料強調研究性質。不限英文，但無東方語文。有語文和主題之索引。

Linguistics: A Guide to the Reference Literature. 2nd ed.
Anna L. DeMiller. Englewood, Colo. : Libraries Unlimited,
2000. 396 p.

語言學參考書指引。本書以學生、館員和學者為對象。包括1957-1989年間700餘種參考資料，分三部分：(1) 一般語言學：字形學（morphology）、語法學（syntax）、語意學（semantics）及理論語言學。(2) 社會語言學（sociolinguistics）、心理語言學（psycholinguistics）。(3) 語言（language），各語系如Indo- European Language。三部份共31章，介紹主要參考文獻，字典、百科、索引、摘要、傳記、期刊、CD-ROM、資料庫。有詳細摘要，有題名、作者、主題三種索引。

Bibliography of Semiotics, 1975-1985. Achim Eschbach, Victoria Eschbach-Szabo; with Gabi Willenberg, comps. Philadelphia : John Benjamins, 1986. 2 pts.

記號語言學書目。本書研究記號與記號系統，包括實用學（pragmatics）、語意學（semantics）、語法學（syntax）。本書共11,000條書目，有圖書、論文、文章、會議報告、紀念文集、評論性文集。收世界各國多種語言之資料，不含俄文資料。本書分二部分：(1) 700種期刊表，以及佔全書一半之書目。(2) 全書另一半書目，以及書評、主題、人名索引。

The World's Major Languages. 2nd ed. Bernard Comrie, ed. New York: Routledge, 2009. 911 p.

世界主要語言。本書編者Comrie是斯洛伐克語專家。全書分五十章，每一章涵蓋一種或數種語言或語系。由四十餘位專家執筆寫成。Comrie寫導言，各章述某一語言或語系之歷史、社會、語言之源流，以及象形、字型、語型之形成、造句模式等。附有書目。全書有總索引。

*Linguistics and Language Behavior Abstracts : LLBA. 1967- . San Diego : Sociological Abstracts, 1967- . Quarterly.

語言學與語言行為摘要。本刊1985年以前為 Language and Language Behavior Abstract，亦簡稱LLBA。本書包括語言學與語言相關之資料，如人類學、比較文學、民族文學、民俗學、資訊學、醫學、心理學等之圖書、期刊論文。以大類分，不再細分。將1,000種期刊之論文作成摘要，有作者索引。可透過BRS和DIALOG線上檢索。

Modern Language Review. 1905- . London : Modern Humanities Research Association , 1905- . Quarterly.

現代語言評論期刊。本刊涵蓋中古、現代之語言和文學，有長而公允之書評。缺點是書評較慢，時間有所耽擱。此乃著名的英國期刊。另代表美國方面成果的期刊，有Modern Language Quarterly, 1940- (University of Washington)。

Year's Work in Modern Language Studies. 1929/1930- . London : Oxford University Press, 1930- . Annual.

現代語言研究年度作品。本年刊，因二次世界大戰而中斷，故第十一冊涵蓋1940-1949。以後又恢復年刊出版。語言及文學以不同的時期、背景處理。如中古拉丁語系、羅馬語系、德語系。重點在中古時期迄現代之發展。過去二十年來，本年刊視語言學為重要涵蓋範圍。

The Linguistic Atlas of England. Harold Orton, et al., eds. London : Croom Helm; Atlantic Highlands, N. J. : Humanities Press, 1978. 1v. (various pagings).

英國語言學地圖集。透過地圖呈現英國各地區語言（方言）之發展。有250幅語音地圖（phonological maps）、65幅語句地圖（lexical maps）、83幅語型地圖（morphological maps）、9幅造句地圖（syntactic maps）。有導言說明如何使用這些地圖。

▌二、字典、百科全書（Dictionaries, Encyclopedias）

The Encyclopedia of Language and Linguistics. 2nd ed. Keith Brown, ed. Boston: Elsevier, 2006. 14 v.

語言與語言學百科全書。由來自美、英、日、法、澳、俄、印度、中國之編輯顧問，以及來自英國（最多）、美、紐、義、荷、澳之執行編輯，約50國超過1,000位專家執筆，撰寫2,000篇文章，總共含3,000定義。代表本世紀語言及語言學研究發展之傲人成績。

A Dictionary of Linguistics and Phonetics. 6th ed. David Crystal. Oxford, England : Blackwell, 2008. 529 p.

語言學與語音學字典。著者Crystal乃著名英國語言學家，及Linguistics Abstracts之編輯。本書第三版共收2,500條目，較前2版增300條目，這些新字（300字）在1980年代通行，為語言學理論之實例；其他條目亦修正過。條目包括敘述、例舉、圖表，附參考書目。第四版共收4,000條目，較前3版增15%條目；含1,400主要條目、1,400次要條目、1,200特殊意義條目，其中600以上條目是1990年代以來流行的新字。取消條目間之「參見」、「見」，以及參考書目。本字典為一般讀者和研究者適用之高水準之語言學與語音學字典。最新版為第六版，2008年出版。

Longman Dictionary of Applied Linguistics. Jack Richards, et al. New York : Longman, 1985. 323 p.

朗文應用語言學字典。本字典乃第一部應用語言學字典，共1,500字彙，定義簡明，附英語和美語發音，有參照。重點在應用語言學於語言教學，而非語言規劃（language planning）、語彙學（lexicology）或翻譯。亦含理論語言學之名詞字彙。對象是大學生和語言教師。

Encyclopedic Dictionary of Semiotics. 2nd ed., rev.and upd. Thomas A. Sebeok, ed. New York: Mouton de Gruyter, 1994. 3 v.

記號語言學百科字典。Sebeok是美國Indiana University之語言學教授，與其他專家合編此書。第一版1986年，第二版1994年出版。本字典由世界各國200多位（1986年版236位）學者署名寫成，共400多條目（1986年版426條目）。包括：(1) 詞彙之歷史背景，現代用法和標準片語之建議。(2) 已逝記號語言學者之傳記。(3) 記號語言學者對其他學科之影響。文章有長（20頁），有短（1頁）。全書獲好評。

*The Oxford English Dictionary. 2nd ed. J. A. Simpson and E. S. C. Weiner. New York : Oxford University Press, 1989. 20 v. Rep with corr., 1991.

牛津英語字典。本字典簡稱OED，是著名學術性、綜合性之歷史字典，展現英語之歷史發展，而非英語當前應如何使用。其初版1933年出版，共十三冊。經過五十六年才出第二版，是經電腦排版的機讀文本（Machine-readable text），可透過線上電腦查詢，亦有CD-ROM（1991）發行。

OED二版收有500,000 word（字）、290,000 main entries（主要條目），以2,412,000 quotations（引句）解釋之，較之初版共增5,000新字（初版後有五次補篇，加5,000新字），條目則增加15%。

此外，OED二版之簡明版於1991年出版：The Compact Oxford English Dictionary: Complete Text Reproduced Micrographically (2,416 p.)，附有71頁長之指引：Donna L. Berg,"A User's Guide to Oxford English Dictionary."

The Random House Dictionary of the English Language. 2nd ed. Stuart B. Flexner, ed.-in-chief. New York : Random House, 1987. 2478 p.

藍燈書屋英語字典。第一版1966年出版。本二版含310,000 terms（詞彙），較前版增50,000詞彙。其中75,000個為新詞彙，並更重視「圖」之應用。大量收入同義詞、反義詞、圖。注意選用不含性別岐視之詞彙。本字典以大眾之需要而非學者之需要為訴求。例句是造句而非引自文學作品的引句。

本字典重視用法。比韋伯（Webster）字典重視規定性的（prescriptive）字句用法，即字句用法需依照規則。本字典在其詞彙方面相當新穎，如AIDS、new wave等詞已收在內；亦不再避收淫穢（obscenities）詞。收有人名、地名（含德、法、西、義外語），以及地圖、地名辭典（gazetteer）。

Webster's Third New International Dictionary of the English Language. Phillip Babcock Gove, ed.-in-chief. Springfield, Mass. : Merriam, 1961. Repr., 1993. 2662 p.

韋伯第三版新國際英語字典。1828年開始，Merriam Co.開始出版此著名字典。1909首次出現New International之版本，1934年完成修訂，至1961年出版本第三版。在三版以前，此字典是提供規定性（prescriptive）用法的工具，以維持語言之一致性。

至第三版新版（Third New），改變字典之作法，不再是規定性字句用法，如新語言學家所強調，不再特別重視傳統文法。本字典在陳述語言之歷史面貌。不再摒除鄙俗、口語、不正確之字彙。在增加之100,000新詞彙中，不少是市井粗話。刪減250,000較舊之詞彙，而總共有450,000詞彙（terms）。引句不完全由古典文學擷取，有不少自通俗文學及現代作家作品中摘出。取消傳記及地名辭典部份。此字典適用美國一般民眾及圖書館。

Merriam-Webster's Collegiate Dictionary. 11th ed. Springfield, Mass.: Merriam-Webster, 1998. 1600 p.

韋伯大學英語字典。本字典第十版（1993年）被評為最好之桌上版大學英語字典。於其前身Webster's Collegiate Dictionary（八版以前），Webster New Collegiate Dictionary（第九版），首次在第十版標題加上"Merriam"。

第十一版為1993年第十版之擴充，增加10,000新字，如CD-ROM、E-Mail等。共包括160,000 terms（單字）、215,000 definitions（定義）、35,000 verbal illustrations and illustrated quotations（例句）、35,000 etymologies（字源）、4,400 usage paragraphs（用法）、700幅黑白插圖。亦增加俚語（slang）及淫穢（obscene）詞。附錄有傳記與地理名詞。

1995年以來，發行有CD-ROM，以及電子版Merriam Webster's College Dictionary (Deluxe Electronic Edition)。以後多次修訂，如2003, 2005, 2007, 2008年，皆是十一版之增修。

Oxford Dictionary of Current Idiomatic English. A. P. Cowie, et al., comps. New York : Oxford University Press, 1975-1983. 2 v.

牛津當代英語慣用語字典。本字典共二冊：第一冊介系詞、質詞、動詞，1975年出版；第二冊片語、子句、慣用語（idioms），1983年出版。兩冊共40,000條，先給定義，用法則從現代文學及演說中找例句，有助於外國人學習英語。偏重英國式英語用法。

The Concise Oxford Dictionary of English Etymology. T. F. Hoad, ed. New York : Clarendon/ Oxford University Press, 1986. 552 p.

牛津簡明字源學字典。本字典根據C.T Onions之The Oxford Dictionary of English Etymology (1966)，該字典是自1910年出版以來，第一本有關字源學的完整字典。本簡明本和全本差異不大，內容及風格保留，但篇幅縮減很多。條目說明字之源始意義，並依年代編排。遺憾的是母本的導言（Introduction）「簡述英語歷史」未包括在此簡明本內。

▍三、歷史、名錄（**Histories, Directories**）

A History of the English Language.4th ed. Albert Croll Baugh and Thomas Cable. Englewood Cliffs, N.J.: Prentice-Hall, 1993. 444 p.

英語歷史。本書是自1935年第一版出版以來，已成為重要參考書。前第三版於1978年出版。本書是目前最好之單冊英語歷史書。涵蓋英語自最早迄今之發展史，亦包括一部分英語在美國之發展史。重點在政治、社會、思想之架構中探討英語之演進。附參考書目。

The American Language : An Inquiry into the Development of English in the United States. 4th ed., corr., enl. and rewritten. Henry Louis Mencken. New York : Knopf, 1950. 777 p. Repr. 1977, 1986.

美語發展探討。本書是英語在美國發展的著名作品。作者Mencken乃 Baltimore Sun（巴爾的摩太陽報）資深新聞人員。1950年出版以後有數次補篇和重印本。本書具深度和廣度，涵蓋英語在美國發展全貌，如美語之起源、發音、拼音、演說、專有名詞、俚語等。附錄有美國之方言等，有總索引。

World Guide to Terminological Activities, Organizations, Terminology Banks, Committees. 2nd completely rev. and enl. ed. Magdalena Krommer-Benz. Munich : Verlag Dokumentation; distr., New York : K. G. Saur, 1985. 158 p.

世界語彙庫指引。鑒於缺乏語彙一致和標準，有礙學術之進展，因此成立專門從事語彙標準和一致化之機構。本指引包括200多個單位，包括各學科、各語言有關語彙之機構。以UDC主題排，附人名、主題、字頭縮寫語（acronym）三索引。

▌四、網路資源（Internet Resources）

*SIL International. Dallas: International Linguistics Center, 2001- . URL：http://www.sil.org

SIL原名Summer Institute of Linguistics，1999年改今名。SIL在語言學領域居領導地位，提供語言學歷史與發展，在網際網路之資源與資訊之名錄（directory）。網頁以專題（topic）或領域（area）連結至語言學、人類學、翻譯、讀寫能力（literacy）、語言、學習、人文學等學術領域（academic domains）。

而在語言學（Linguistics）之下，可查詢之主題廣泛，如："SIL Linguistics Resource," "Conference, Workshops, Meetings, Symposia," "Universities and Other Academic Sites," "Electronic Texts, Dictionaries, and Data," "Computing Resources," and "Journals and Newsletters," etc. 至於在 "Resources Listed Topically" 下，有專題如Speech、Phonetics、Grammar、Semantics等。此外，"Other Indexes to Linguistics on the Internet," 則導引至各種組織和個人。

第二節　文學

　　文學資料包括文學作品原著、譯本，以及有關文學原著的研究著作。文學資料包括書本式及線上或網路中資料。參考工具書數量相當多。（註2）以下介紹西洋文學的書目，取材於Blazek和Couch & Allen，及其他著作。（註3）

■ 壹、通論作品（GENERAL WORKS）

■ 一、指引、書目、索引（Guides, Bibliographies, Indexes）

Literary Research Guide. 5th ed. James L. Harner. New York : Modern Language Association of America, 2008. 1 v. (various pagings)

文學研究指引。本書是英國文學及相關文學研究的參考書指引。第一版1989年出版。第二版1993年出版，共1,200個條目，有較詳細之提要，數句到數頁。分21小類，集中於英國文學及美國文學，少數他國文學。使用者對象為研究者和學生。有人名、主題、題名索引。最新版為第五版，2008年出版。

Key Sources in Comparative and World Literature : An Annotated Guide to Reference Materials. George A. Thompson, with the assistance of Margaret M. Thompson. New York : Ungar, 1982. 383 p.

比較與世界文學重要資源。本書包括1,200種書目性參考工具書，如手冊、百科全書、書目、索引、研究評論等。涵蓋一般文學、比較文學、國別文學、時代文學等。世界文學資料以古典希臘、羅馬、法、義、西、德等國較多；東方、南非、非洲較少。分「章」安排參考書條目。有編者、書名、主題索引。

The Art of Literary Research. 4th ed. Richard D. Altick, rev. by John J. Fenstermaker. New York : W. W. Norton, 1993. 353 p.

文學研究技巧。本書自第一版出版以來，為文學研究最好之指引書。包括文學研究之理論與實務。對書目作業、紀錄筆記、圖書館應用，皆有所建議。並談及寫作之藝術是需高度之技巧及專注的。本書是參考部門之上選。

A Guide to Serial Bibliographies for Modern Literatures. 2nd ed. William A. Wortman. New York : Modern Language Association of America, 1995. 333 p.

現代文學連續出版品書目指引。本書1982年之第一版含簡潔但重要的現代文學連續出版品書目1,200餘種，本二版增加273種，以英文為主，亦有不少外文書目。現代文學之各種書目（一般、分類、作者、主題）皆包括在內。每一條目列書目範圍、書目敘述、出版特性。含標準參考書及電子資料庫。以學生為主要對象，對圖書館及教師亦有用。

*MLA Directory of Periodicals : A Guide to Journals and Series in Languages and Literatures. 1979-. New York: Modern Language Association of America, 1979- . Biennual.

語言與文學期刊集叢名錄。二年刊。本刊與下一本MLA International Bibliography相輔出版。本刊，如1993年版即收有3,200種在美、加出版之期刊和集叢。本名錄所列期刊和集叢是下一本書目依據作索引的來源。是此類名錄中最佳的。本刊以刊名排列，附序列號。有四索引：編輯人員，英、法、德、義、西以外的語言，出版機構，主題；四索引以序列號指引回主體刊名部分。有CD-ROM發行。

*MLA International Bibliography. 1921- . New York : Modern Language Association of America, 1921- . Annual.

世界語言及文學書目期刊。本刊具權威性。數次改：American Bibliography (1921-55)，美國學者所著有關各國文學書目；Annual Bibliography (1956-62)，稍擴增其書目；1963年以來改今名。包括各國學者之著作，但仍以美國、歐洲著者為主。本書目包括圖書、論文、紀念集、單本書。如今每年出五冊：

(1) 英語國家之書目，(2) 歐、亞、非、南美文學，(3) 語言學，(4) 一般文學，(5) 風俗學。五冊可分購。本書目可透過WILSONLINE連線至MLA檢索。或WILSONDISC查詢CD-ROM。

MLA Abstracts of Articles in Scholarly Journals. 1970-1975. New York : Modern Language Association of America. 6 v.

學術期刊論文摘要。由MLA Directory of Periodicals（見前）中，選出學術性期刊，將其論文作成摘要。仍為該刊之補充，必須與其一起使用。因本摘要無參照，亦無作者索引、主題索引。本摘要以主題和語言之大類編排，再以時代、作者複分。雖只有五年，但極具價值。

Articles on Twentieth Century Literature : An Annotated Bibliography, 1954 to 1970. New York: Kraus-Thomson, 1973-1980. 7 v.

二十世紀文學論文提要書目。從Twentieth Century Literature季刊中，將1973-80年間的 "Current Bibliography" 部分抽出，此外另加其他書目及期刊，總共400種期刊之論文編成本書目，以作者名排列，有提要、綜合索引。本書之論文不包括書評（書本式或論文式）、通俗新聞作品、以及教導文學之基本論文。收學術性論文，涵蓋廣，二十世紀之作家及其作品有關之論文皆收入，共20,000篇論文。

▌二、字典、百科全書、手冊
（Dictionaries, Encyclopedias, Handbooks）

A Handbook to Literature. 7th ed. William Harmon and Hugh C. Holman. Upper Saddle River, N.J. : Prentice Hall, 1996. 669 p.

英美文學手冊。自第一版出版以來，五十年間是英美文學之標準手冊，為上選書目。本七版收1,800條字詞及片語，依字母順序排，較前版有增刪，增加不少有關婦女、少數民族、影片之條目。條目有長有短，一行至數頁。條目之間有參照。附有著名之編年體的「文學史大綱」（Outline to Literary History）、諾貝爾獎（Nobel）與普立茲獎（Pulitzer）得獎名單。有些條目附以資料來源或參考資料。

The New Guide to Modern World Literature. Martin Seymour-Smith. New York: Peter Bedrick Books; distr., New York : Harper & Row, 1985. 1379 p.

現代世界文學指引。本書為1973年之修訂版。全書分33章，每章探討一國家或一族群（ethnic group）之文學。評論者對本書兩極化，有評論者認為本書之文章充滿機智、幽默、智慧；有評論者則認為本書作者太過主觀、個人意見太多。

Columbia Dictionary of Modern European Literature. 2nd ed., fully rev. and enl. Jean Albert Bede and William B. Edgerton, gen. eds. New York : Columbia University Press, 1980. 895 p.

現代歐洲文學字典。第一版1947年出版，是現代歐洲文學單本字典中最好的。本二版仍維持高水準，對歐洲各國文學及傳記都有詳盡而評論性文章。各國文學由專家署名寫成，另有1,850篇傳記，附有書目。共有500位學者執筆。本書現代（Modern）一詞係指十九世紀末法國象徵主義者（French Symbolists）所啟發之象徵主義（Symbolism）、頹廢主義（Decadence）、現代主義（Modernism）等流派。

Encyclopedia of World Literature in the 20th Century. 2nd ed., completed rev. and enl. Leonard S. Klein. New York : Ungar, 1981-1993. 4 v.

二十世紀世界文學百科全書。本書最早據德文本著作（1960-61年），於1967-71年以英文本三冊出版。第二、三版修訂幅度甚大，條目長短一致，文筆一致。各國文學，甚至第三世界文學皆包含在內。以批評性傳記文章為主，附有評論文摘和書目。第二版之第五冊有調查性文章，探討較少研究之三十五國文學、作家、批評家、文學運動、文學趨勢，並附有全書之索引。

A Glossary of Literary Terms. 7th ed. M. H. Abrams. Fort Worth, Tex. : Holt, Rinehart & Winston, 1999. 366 p.

文學名詞字典。本書第一版1957年出版。每版皆充分修訂過，不只是名詞解釋，實是一優良手冊。以數篇文章處理某主題，文字簡明涵蓋廣，修訂版不斷對一九二〇年代以來重要文學運動以數篇文章加以審視。插圖精美，文章附參考書目，書末有索引。

Benet's Reader's Encyclopedia. 4th ed. William Rose Benet. New York : Harper & Row, 1996. 1144 p.

讀者百科全書。原書名The Reader's Encyclopedia，第一版1948年出版，第二版1965年出版。第三版起加"Benet"於書名。本書提供簡要之文章，包括各主題和人物（科學家、藝術家、哲學家、作家），時間涵蓋古今，國家是世界各國。條目有著者、書名、文學中角色、重要歷史人物等，共9,000條。各版逐漸增加世界各國文學之分量，並增東方、蘇聯、拉丁美洲、近東之資料。

The Oxford Companion to Children's Literature. Humphrey Carpenter and Mari Prichard. New York : Oxford University Press, 1984. Rep. with corr., 1985. 584 p.

牛津本世界兒童文學手冊。著者為夫妻。共2,000條目，其中900位人物傳記。條目具時代性，如"Television and Children"（電視與兒童）。文章長短因作品主題及人物之重要性而異。

▎三、傳記、名錄（**Biographies, Directories**）

Author Biographies Master Index : A Consolidated Index to More Than 1,140,000 Biographical Sketches. 5th ed. Geri Speace, ed. Detroit : Gale, 1997. 2 v.

著者傳記總索引。第一版1978年，413,000條目；第二版1984年，658,000條目；第三版1989年，845,000條目；第四版1,030,000條目。本第五版1,140,000條目。本書涵蓋世界人物，從300種英語之名錄和傳記字典中選出條目作成索引。時代涵蓋古今，性別不分男女，並包括兒童作家和插畫家。以英美著者為重點，無參照，因此同一人數個名字可能出現於一處以上。McNeil之Twentieth Century Author Biographies Master Index: A Consolidated Index to More Than 170,000 Biographical Sketches（Gale, 1984）是基於本書第二版，限於二十世紀之作家。

*Contemporary Authors : A Bio-bibliographical Guide to Current Writers in Fiction, General Non-Fiction, Poetry, Journalism, Drama, Motion Pictures, Television, and Other Fields. Detroit : Gale, 1962- .

當代作家傳記／書目。本書目包括小說、非小說、詩歌、新聞、戲劇、電影、電視等作家。條目下列各作家之個人資料、事業高峰、過去及進行中的作品，有些附書目。以美國作家為主，不包括科技作家。
此外，與此相配合，Gale出版以下四系列（Series）：(1) Contemporary Authors Cumulative Index: Contemporary Authors, v.1-132. (2) Contemporary Authors Revision Series. v.1-33. (3) New Revision Series, 1975-77, 2 v. (4) Contemporary Authors Autobiography Series, 1984- .
至於所出之一套每年索引（Annual Index）是：Contemporary

Authors, Cumulative Index, v.1-140（1993），把以上有關
Contemporary Authors之各系列（Series），及其他傳記參考
書作成一套索引，每年出版。有CD-ROM發行，可在Gale Net
查詢。

International Authors and Writers Who's Who. 1976- .
Cambridge, England : International Biographical Centre;
distr., Detroit : Gale, 1976- .

國際著者及作家名錄。本名錄所收以英美人士為主，亦包括
期刊、雜誌之編輯。特色是人數逐年減少，八版（1984年）
14,000人，九版（1985年）9,600人。13版（1993年）8,000
人，作家名下列：生日、職業、教育、主要作品、地址。附錄
有：文學機構、獎項得獎人名單。

European Writers. George Stade, ed.-in-chief. New York :
Scribner's, 1983-1991. 14 v.

歐洲作家。本書記述作家生平、貢獻、作品情節（plot）。每篇
文章長達15,000字。由學者、教授、批評家、詩人、小說家等
執筆。全套14冊。第1-2冊：中古時期與文藝復興時期（Middle
Ages & Renaissance）。第3-4冊：理性與啓蒙時期（Age of
Reason and Enlightenment）。第5-7冊：浪漫世紀（Romantic
Century）。第8-13冊：二十世紀（20th Century）。每冊12至
20篇文章，依作家年份排。有索引和總書目。

Literary Market Place. 1940- . New York : R. R. Bowker, 1940- .
Annual.

美國圖書出版業名錄。列有組織、期刊、出版社、以及主要推動
文學出版和發展之人物名錄。分八大部分，包括專題名稱，如：
Book Publishing, Book Club等。有名稱索引。

■ 貳、專題作品（SPECIAL TOPICS）

■ 一、文學批評（Criticism）

Literary Criticism Index. 2nd ed. Alan R. Weiner and Spencer Means. Metuchen, N. J. : Scarecrow, 1994. 559 p.

文學評論書目索引。本書是單篇文章批評之索引。根據80種以上批評性書目或指引作成索引。依創作者姓名排列，創作者之下列其每篇作品之批評資料。

*Gale's Literary Index on CD-ROM. Detroit : Gale Research, 1993 - . Annual.

Gale光碟文學索引。1993年2月起，Gale將其Literary Series（文學系列）彙整成一Master Index（總索引），收在一片光碟上。迄1994年，已有32種（title），共675冊，以後每年出補篇。本CD-ROM包括之title，如：Dictionary of Literary Biography, Contemporary Authors, Black Literature Criticism, Nineteenth Century Literature Criticism, Contemporary Literary Criticism等。本CD-ROM軟體設計簡單易用，可透過Author或Title查詢，亦可透過國籍及生年、卒年查詢。本CD-ROM資料庫共包括自古迄今110,000位author、120,000筆title。

Contemporary Literary Criticism : Excerpts from Criticism of the Works of Today's Novelists, Poets, Playwrights, Short Story Writers, Scriptwriters, and Other Creative Writers. v. 1- . Detroit : Gale, 1973- .

現代文學批評期刊（CLC）。本期刊收1959年12月31日以後活躍或過世之文學家。每冊約25位作家，以英語作家為主，亦含在美國境內著名之作家。迄1985年已有1,800位作家。每位作家條目下附5篇文摘，從圖書、文章或書評中選出，註明出處。每冊有一彙編著者索引，包括CLC全部及22種Gale之其他系列（Series）：及一書名索引，則僅作到CLC該冊。本CLC收在Gale's Literary Index on CD-ROM（見上一本）之索引中。

Twentieth Century Literary Criticism : Excerpts from Criticism of the Works of Novelists, Poets, Playwrights, Short-story Writers... v. 1- . Detroit : Gale, 1978- .

二十世紀文學批評期刊（TCLC）。本期刊收1900-60年間尚存或去世之作家。回溯補充Contemporary Literary Criticism, CLC（見上一本）。每位作家條目下有人像、書目、作品書目、及依年代排列重要選錄批評之文摘。每冊收15位作家，每人10-40頁，有主題、國籍、作者索引在每年的最後一冊，彙整總索引在每年第一冊。

Nineteenth Century Literature Criticism : Excerpts from Criticism of the Works of Novelists, Poets, Playwrights, Short Story Writers... v. 1- . Detroit : Gale, 1981- .

十九世紀文學批評期刊（NCLC）。本期刊以在十九世紀去世之作家為收錄範圍。包括歐、美、英各類作家，每冊含8-14位作家，每年第四冊，是以專題為範圍，而非以作家為範圍。每位作家條目下有簡傳、作品目錄、文摘、及進一步研究書目。批評文摘選擇精當，份量足以表達批評之精義，文摘依年代排。每年第一冊是對以前所出整套之索引，每年最後一冊有當年之專題、國籍、作者索引。本作品收在Gale's Literary Index on CD-ROM（見前）之索引中。

Literature Criticism from 1400 to 1800 : Excerpts from Criticism of Works of Fifteenth, Sixteenth, Seventeenth, and Eighteenth Century Novelists, Poets, Playwrights⋯ v. 1- .

Detroit : Gale, 1984- .

十五至十八世紀文學批評期刊。本期刊每冊含7-9位世界作家，並含一條目探討主要論題或課題（theme or issue）。如探討的主要論題或課題，是本期刊所包括的時期（1400-1800）以外的人物，如Henry Fielding, Confucius, James Boswell, St. Augustine等，則在引其作品時論及。每冊作家依人名字母順序排列；附批評文獻，依時間排，註明批評文字之出處；並附進一步研讀之書目。全套有彙編索引。

World Literature Criticism 1500 to the Present : A Selection of Major Authors from Gale's Literary Criticism Series. Detroit : Gale, 1992. 6 v.

1500年以來世界文學批評。由副標題可看出，此書乃Gale文學批評系列中選出主要世界作家231人。包括劇作家、小說家、散文家，由高中教師及高中圖書館員選出人選。作家依人名字母順序排，名人如Hans Christian Anderson, Jane Austen, Gertrude Stein, Edgar Allen Poe等。以歐美作家為主，墨西哥、非洲、阿根廷、紐西蘭、哥倫比亞等國作家亦在內。每位作家條目下列：像、評傳、作品單（含改編本，或據此拍成之影片）、代表性批評文摘、進一步研讀書目。有作者、書名、國籍索引。

Magill's Bibliography of Literary Criticism : Selected Sources for the Study of more than 2,500 Outstanding Works of Western Literature. Frank N. Magill, ed. Englewood Cliffs, N. J. : Salem, 1979. 4 v.

世界作家文學批評書目。本書含1979年以前的20年內，613位世界作家之文學批評。從圖書、圖書之一部分、期刊論文中，尋找出36,000篇批評文章，評論613位作家，總共2,500本英文原著或英文譯本。大部分評論文章未收在其他書目中，評論文字以英

文為主。依作家排，下列其個別作品、再列批評研究。每作品列
12-25篇評論。

▎二、比較文學（**Comparative Literature**）

Bibliography of Comparative Literature. Fernand
Baldensperger and Werner P. Friendrich. Chapel Hill, N. C. :
University of North Carolina Press, 1950. Repr., New York : Russell
& Russell, 1960. 705 p.

比較文學書目。本書雖舊，多年被視為最完備而權威之書目。
涵蓋自古至今的世界比較文學書目，包括圖書、期刊論文、學
位論文等。全書分四冊，第一、三冊以論題（theme）、主題
（motif）、文類（genre）、及國際文學關係排列：第二、四
冊則是各國文學，依國家或具影響之作家排列。本書是選擇性
書目，有詳細目次，無索引。Yearbook of Comparative and
General Literature（下一本）是其續本。

Yearbook of Comparative and General Literature. 1952- .
Bloomington, Ind. : Indiana University Press, 1952- . Annual.

比較文學與一般文學年刊，接續Bibliography of Comparative
Literature（上一本）。本年刊包括有關比較文學與一般文學之
論文、消息、作家簡傳。其 "Annual Bibliography"被視為補
充並接續上一本，但遺憾此部份在1969出版第19冊後停止。其
後，1970-80（v.20-29）有外文書之英譯書名目錄；1980年以後
不再附書目。報導以現況瞭解（Current Awareness）為主。本
年刊為數個專業學會合作之成果，如American Comparative
Literature Association和Comparative Literature Section of
MLA二學會。

三、引句、諺語（Quotations, Proverbs）

Familiar Quotations: A Collection of Passages, Phrases, and Proverbs Traced Back to Their Sources in Ancient and Modern Literature. 17th ed. rev. and enl. John Bartlett and Justin Kaplan, ed. Boston : Little, Brown, 2002. 1431 p.

古今文學常用引語集。第一版於1855年出版，此後每隔7-10年出新版。本書為引語集之標準本。本書依被引作家之年代編排。包括Bartlett以來的作家，近年加入婦女和黑人作家。在被引之書籍中，仍以聖經和莎士比亞二書占最重要地位。有著者索引；以關鍵字排列之要語索引。

*The Oxford Dictionary of Quotations. 5th ed. Elizabeth Knowles, ed. New York: Oxford University Press, 1999. 1136 p.

牛津引語字典。本書第一版於1941年出版以來，為重要工具書。本書內容，不包括諺語（proverb）和童謠，因The Oxford Dictionary of English Proverbs（下一本）包含諺語。本字典依字母順序排，引語之著者超出2,500人（詩人、小說家、劇本作家、公眾人物），人物有英國及外國人士。此外亦包括聖經及禱告書（Prayer Book）中之引句。無名著者之引句亦包括在內。索引完備，有70,000條。有單獨的希臘文索引。可透過DIALOG查檢，亦於1993年出光碟版（disk version）。

The Oxford Dictionary of English Proverbs. 3rd ed. F. P. Wilson, rev. Oxford : Clarendon Press, 1970. 930 p. Repr. 1992.

牛津英國諺語字典。本書是諺語和格言之上選之作，自1935年第一版出版以來，受到重視，偏重英國人士對其語言之應用。第一版即有10,000諺語或格言，此後各版略有增減。每一諺語註有最初使用時期，日後改變情形。不少諺語取材於M.P.

Tilley's Dictionary of Proverbs in England in the Sixteenth and Seventeenth Centuries (University of Michigan Press. 1950).

▌四、詩、小說（Poetry, Fiction）

The New Princeton Encyclopedia of Peotry and Poetics. Alex Preminger and T. V. F. Brogan, eds. Princeton, N. J. : Princeton University Press, 1993. 1383 p.

詩與詩學百科全書。1965年初版、1974年修正版，本1993年版加 "New"字於書名。1993年版是1965年Princeton Encyclopedia of Poetry and Poetics之再發行，並加上「補充部分」，所有條目資料更新，加重非西方和第三世界的詩與詩學。條目篇幅有短至只給一定義，長至涵蓋某一地區某一族群，由數行至長篇討論，共有375位學者執筆。本書適用於學生及一般讀者。凡詩與詩學之歷史、理論、技巧、批評皆包括在內。雖簡明但具學術性。

Critical Survey of Short Fiction. 2nd rev. ed. Frank N. Magill. Pasadena, Calif.: Salem, 2001. 7 v.

短篇小說批評探討。本書1981年初版，1987年補編之修訂本和擴充本，1993年修訂本，2001年第二版修訂本。條目偏重英美作家，亦包括非英語作家；涵蓋作家之影響、特色、個別作品分析、傳記資料、進一步研讀書目。所有舊版已有之作家條目全部修訂。本書為論文式評論，包括短篇小說之分析和簡略情節之討論。1993年修訂本第7冊，包括有關短篇小說性質與歷史之論文。

Postmodern Fiction: A Bio-Bibliographical Guide. Larry Mc-Caffery, ed. Westport, Conn. : Greenwood Press, 1986. 604 p.

後現代主義小說傳記／書目指引。著者將後現代主義定位於1960以來迄1986年的作家及其作品,本書所收小說是大部份參考書未涵蓋的。各類作家皆收在內。如各種文類(genre)專家、通俗雜誌作家和批評家都收入。分兩部份:(1) 15篇論文分析討論後現代小說。(2) 100篇個別作家之傳記。附後現代小說批評之書目。

The Originals: An A-Z of Fiction's Real-Life Characters. William Amos. Boston : Little, Brown, 1985. 614 p.

小說角色所代表之真實人物。本書包含3,000位小說角色,時代由莎士比亞劇作迄今,包括多國籍的真實人物。條目以角色名稱之字母排列,列書名、出版日期、作者、依據之真實人物。角色取材於詩歌、劇作、小說、散文。條目有長有短,敘述角色和真實人物二者之時代和事蹟。有些附真人之圖像。

參、英美文學(LITERATURE IN ENGLISH)

一、指引、書目、索引(Guides, Bibliographies, Indexes)

Reference Guide to American Literature. 4th ed. D. L. Kirkpatrick, ed. Detroit : St. James Press, 2000. 1257 p.

美國文學參考指引。第一版1983年,第二版1987年,第三版1994年出版以來,為大學部及研究生提供美國文學之重要資料。本書分兩部份:(1) 含500多位美國文學作家,列其簡傳及作品評論。 (2) 含100多篇文章,探討美國文學史上重要作品。附有美國文學史上重要貢獻之編年、書目、題名索引。
另一套Reference Guide to American Literature, 2nd ed D.L. Kirkpatrick, ed. (Chicago: St. James Press, 1987.)亦可參考,由St. James Reference Guide to English Literature(下一本)中,把美國作家部份抽出,而另編成書。

St. James Reference Guide to English Literature. James Vinson and D. L. Kirkpatrick, eds. Chicago : St. James, 1985. 8 v.

英國文學參考指引,共八冊。提供多種資料,總論性書目及批評論文外,有1,200傳記。八冊內容如下:第一冊:古代至文藝復興時代;第二冊:王權復興時期(Restoration, 1660-68)和十八世紀;第三冊:浪漫主義(Romantic)和維多利亞時期(Victorian era);第四冊:1900年以前之小說;第五至七冊:二十世紀詩歌、小說、戲劇;第八冊:大英國協(Commonwealth)文學。400位世界各國學者參與,是綜合性之參考工具書。其新版,見Reference Guide to English Literature(下一本)。

Reference Guide to English Literature. 2nd ed. D. L. Kirkpatrick, ed. Chicago : St. James Press, 1991. 3 v.

英國文學參考指引,共三冊。本書是St. James Reference Guide to English Literature(上一本)之第二版,由八冊減為三冊。所有美國作家刪除,而放入Reference Guide to American Literature (2nd ed, St. James Press, 1987.) 中。第一至二冊:12篇論文討論重要英國文學時期。再列900位英語文學重要作家,來自英、愛爾蘭、加、澳、紐、非、亞、加勒比海。條目先依年代編排,再列作家名、該作家的作品和書目、300-1,500字評論其作品之論文。第三冊:600位最重要詩人、小說家、戲劇家、及論文合集(collection)。有題名索引(title index)。

A Guide to English and American Literature. 3rd ed. Frederick W. Bateson and Harrison T. Meserole. New York : Longman, 1970. Repr., 1976. 334 p.

英美文學指引。適合研究生和大學生，雖舊仍有參考價值。全書編排，先有一般導論部分，繼以各章討論英國文學各時期：中古、文藝復興、奧古斯丁（Augustan）、浪漫主義、現代英國文學等。美國文學分開處理，有全書總索引。

Reference Works in British and American Literature. 2nd ed. James K. Bracken. Englewood, Colo. : Libraries Unlimited, 1998. 726 p.

英美文學參考工具書，有提要。適用於大學生。第一版（1990-1991）二冊，本二版改排成一冊。本書包括英美文學字典、百科等參考工具書及作家資料。含1,500筆以上有關作家資料，以文學形式（form）、文學類別（genre）、文學時期編排之。提要詳細，內容含敘述及批評分析，優劣點評論客觀公允。有單獨部份列英美文學之核心期刊與主要研究中心。

American Literary Magazines : The Eighteenth and Nineteenth Centuries. Edward E. Chielens, ed. Westport, Conn. : Greenwood Press, 1986. 503 p.

十八及十九世紀美國文學雜誌。與American Literary Magazines: The Twentieth Century（下一本）合成兩冊，介紹美國文學的雜誌。本冊涵蓋1774-1900年間之93份重要雜誌，每份雜誌下說明其出版歷史與編輯政策，為學術性之介紹、有進一步研究之參考書目。註明雜誌是否有重印版本，及有關期刊被索引之情形。本冊有介紹此時期之期刊雜誌出版情形的文章，附錄有文學雜誌名錄及年代表。

American Literary Magazines : The Twentieth Century. Edward E. Chielens, ed. Westport, Conn. : Greenwood Press, 1992. 474 p.

二十世紀美國文學雜誌。與American Literary Magazines: The Eighteenth and Nineteenth Centuries（上一本）合成兩冊。

本冊涵蓋20世紀76份重要雜誌，每份雜誌下說明其出版歷史與
編輯政策，為學術性之介紹、有進一步研究之參考書目。註明雜
誌是否有重印版本，及有關期刊被索引之情形。本冊列有美國30
小雜誌的收藏所。附錄增列100種雜誌，並有簡略說明。

Bibliography of American Literature. Jacob Blanck. New
Haven, Conn. : Yale University Press, 1955-1991. 9 v.

美國文學書目。預定出八冊，現有九冊。1955-1973年出前六
冊，1983年出第七冊，1990年出第八冊，1991年出第九冊。本
書收美國作家從獨立建國至1930年以前去世的共300位。每冊依
序按作家字母排列，每冊約含30位作家，其作品之初版、重印
本、校勘、書目、及批評文字。僅收文學家之書目，書目在分類
下依年代排。不收期刊、報紙、較晚之版本、翻譯本等。

Bibligraphy of Bibliographies in American Literature. Charles
H. Nilon. New York : R. R. Bowker, 1970. 483 p.

美國文學書目之書目。本書雖舊仍有用。包括6,400種書目，有
單獨出版之書目、期刊中有關書目之文章、書內所收之書目。有
完備的人名和書名索引。全書分四部份：(1) 書目，(2) 作家，
(3) 文學類別（genre），(4) 標題。為美國400年來之文學書目
之書目。有1990年印本（print）。

Index to British Literary Bibliography. Trevor Howard Hill.
New York : Oxford University Press, 1969- .

英國文學批評書目索引。預定出六冊，卻出七冊，但第三冊尚
未完成。將有關英國文學批評和書目歷史之作品、圖書、文章
收入。第一冊：英國文學書目之書目，含1890年以後出版，在
英語國家或以英語出版之單本書目、圖書中之書目、期刊中之書
目。第二冊：莎士比亞作品之書目。第三冊：1890年以前之書
目。第四冊：1890-1969年間作家之書目。第五冊：1475年以來
英國文學及批評書目。第六冊：1-2冊，4-5冊之索引。第七冊：

1970-79年書目，並補充先前已出版有關1890-1969年間之書目。第八至九冊：1980-89年書目。待第三冊完成，將出彙編全套書之索引。

The New Cambridge Bibliography of English Literature. Cambridge, England : Cambridge University Press, 1969-1977. 5 v.

新劍橋英國文學書目。其前版為Cambridge Bibliography of English Literature (1940, 4v.; supp, 1957.)，建立起本書的權威性及優越性。本書涵蓋溯自古英文（Old English）和拉丁文學（Latin Literature）始於英國，即600到1900年間之書目，依年代排列。本版更擴充1900-1950為第四冊，索引在第五冊。每一時期（每冊）皆含一手、二手資料。

The Shorter New Cambridge Bibliography of English Literature. George Watson, ed. New York : Cambridge University Press, 1981. 1622 p.

新劍橋英國文學書目簡明本，是The New Cambridge Bibliography of English Literature（上一本）之縮印本。涵蓋相同時代：600-1950年，但刪去背景資料和不太著名之文學作者，與文學作者作品相關之資料留下，有關文學作者之二手資料，如圖書、文章被刪節。每一文學時期仍保留其書目、文學史、文集和批評文字。

Abstracts of English Studies. 1958- . Calgary, Canada : University of Calgary, 1958- . Quarterly.

英語文學研究論文摘要期刊。本書是以英語寫作的文學期刊內文章之摘要，包括英國、大英國協、美國出版之英國文學期刊。英國語言學亦含在內。本期刊改組多次，刊期亦更改多次，依據期刊內之論文作成摘要，呈現英語文學研究的現代觀點。

Annual Bibliography of English Language and Literature. 1920- . Modern Humanities Research Association. Cambridge, England : Cambridge University Press, 1920- . Annual.

英國語言與文學之年度書目。本年刊包括圖書、小冊子、期刊文章，亦含書評。分成二大部分編排：(1) 語言：依主題排；(2) 文學：依年代排。二部份編排方式不同，此點過去深受批評。有作者、主題索引。

Comprehensive Index to English-Language Little Magazines, 1890-1970. Series One. Millwood, N. Y. : Kraus-Thomson, 1976. 8 v.

英語小雜誌索引。小雜誌是指讀者限於一小群人士，發行期限不長，並不易為人尋獲。本索引對100種英語小雜誌（其中59種是美國方面的）內之文章作索引。分著者／被著者之人名（"works by"/"works about"）之索引、傳記之主題索引、有關著者批評之作品索引。被收入Best Reference Books 1970-1980。

Speech Index: An Index to 259 Collections of World Famous Orations and Speeches for Various Occasions. 4th ed., rev. and enl. Roberta Briggs Sutton. New York : Scarecrow, 1966. 947 p. Supplement 1966-1980, 1982. 466 p.

演講索引。第一版1935年出版。是各種場合重要演講之索引，含政治、歷史、科學、得獎的演說。對單獨出版圖書中之演講作成索引。期刊內之演講不收，因已為他處作成索引。本第四版乃前三版之綜合，並增加新資料。約259部合集中演講作索引，依字母順序將作者、主題、演講類別索引，混合編排成一字典順序的索引。

The Year's Work in English Studies. 1919/1920- . English Association. London : Murray, 1920- . Annual.

英國文學研究年度作品期刊。是著名之評論性期刊，涵蓋廣泛的英國文學主題。收有英、美、歐洲出版之圖書和期刊文章。英國語言亦包括在內。1954年起增加美國文學研究。條目依所涵蓋文學時間之先後順序排列。有作者、主題索引。

The Cambridge Guide to English Literature. Michael Stapleton. Cambridge, England : Cambridge University Press, 1983.　992 p.

劍橋英國文學指引。千年來英國文學各方面情形之指引書，包括各國有關英國文學之作品。由著者Stapleton撰寫全部3,100篇文章，僅二篇由他人撰寫。依字母順序排列文章，篇目有文學作品之作者、書名、角色、名詞。有參照，不含歷史或神話學之敘述。

The Cambridge Handbook of American Literature. Jack Salzman, ed. New York : Cambridge University Press, 1986. 286 p.

劍橋美國文學手冊。與其他劍橋本手冊相比，本書小巧。包括美國文學運動、期刊、劇本簡介、作家小傳、及書目資料。條目短小，但資訊豐富。在批評性詮釋（commentary）中避開執筆者個人意見，而偏向於對個別著者之歷史性評價。有美國歷史與美國文學之比較對照表。有過去五十年重要批評性作品之選目。

The Oxford Companion to American Literature. 6th ed. James D. Hart. With revision and addition by Philip W. Leninger. New York : Oxford University Press, 1995. 779 p.

牛津美國文學手冊。1941年出版以來成標準著作。第四版1965年出版。第五版於1983年出版，延誤較久，全部修訂過，較四版增加150位作家、115本作品，刪去較不重要的作品。著者Hart於1990年去世，本六版由Leninger更新，增181條目（其中104條乃修正Hart所寫的條目），頁碼較前版減少，已刪去不合時宜的條目，增新條目如婦女、少數民族等。本書包括美國作家之傳記，其主要作品單，其風格及其作品之分析，敘述文學各類（genre）之重要作品、定義、獎項、會社，及其與社會、政治、科學相關之議題。條目依字母順序排列。

Oxford Companion to Canadian Literature. 2nd ed. Eugene Benson and William Toye, eds. New York : Oxford University Press, 1998. 1,168 p.

牛津加拿大文學指引。第一版於1983年出版，書名稍異，有750條目。本第二版將條目內容稍加修訂。涵蓋主題廣，以百科全書之手法對加拿大之文學、文化發展等角度處理個別作品及文學類別。包括法國／加拿大文學。有些條目有參考及書目、參照條目。
本指引第一版（1983）是Noah Story之The Oxford Companion to Canadian History and Literature (1967) 及其Supplement (1973) 之續書，為前二書之增修本。

*The Oxford Companion to English Literature. 5th ed., 2nd rev. Margaret Drabble, ed. New York : Oxford University Press, 1998. 1154 p.

牛津英國文學手冊。第一版1932年出版，是Oxford Companion Series最早而可為範本者，以簡明、正確、涵蓋廣著稱。1986年第五版，全書有9,000條目，其中3,000位生於1939年以前作家之簡傳，特別重視二十世紀之作家。對文學運動和著名作品敘述詳細，是參考部門標準本。1995年與1998年二次增修版，增加不少新作家。有PC和Mac之光碟版（CD-ROM）。

▌二、傳記、評傳（Biographical and Critical Sources）

American Writers : A Collection of Literary Biographies. Leonard Unger, ed.-in-chief. New York : Scribner's, 1974. 4v. Supplements I-IV, 1979-1996. 8 v. Retrospective Supp. I., 1998.

美國作家傳記集。全套正、補篇，共185位著名詩人、小說家、短篇小說作家、劇作家、批評家、歷史學家、哲學家。時代涵蓋十七世紀迄今。重點在作家個人寫作風格、文學體裁、其對文學之貢獻。正篇把University of Minnesota出版之97位作家之小冊子資料收入，補篇再加88位作家。

American Writers before 1800 : A Biographical and Critical Dictionary. James A. Levernier and Douglas R. Wilmes, eds. Westport, Conn. : Greenwood Press, 1983. 3 v.

1800年以前美國作家傳記字典。本書含美國作家800人左右之批評性傳記。傳記人選是由編者由文集、歷史、和書目中挑選出的，重要作家及較不重要作家都有相當完備之篇幅長度。許多作家在其他作品內找不到的，都可在此字典獲得。條目提供作家傳略、作品簡稱、作品風格之影響因素；並附參考書目供進一步研讀。

British Writers. Ian Scott Kilvert, ed. New York : Scribner's, 1979-1984. 8 v. Supplements I-V, 1987-1999. Retrospective Supplements I-III, 2002-2010.

英國作家。與American Writers: A Collection of Literary Biographies（見前）同性質，是論文合集，專家署名執筆寫成。有關英國作家之生平及作品、作品之評論。正編八冊依作家年代編排，每篇10,000至15,000字，有參考書目。補編是重要英國當代作家，如Tom Stoppard及Graham Greene。

Great Writers of the English Language. New York : Marshall Cavendish, 1989. Repr. 1991. 14 v.

英國大作家。全套十三冊、索引一冊，只有五十六位「偉大」作家入選。依時代先後排列作家，大部分冊數包括四位作家，亦有一冊包括十一位大詩人。另一冊只兩位作家：Dickens和Hardy。每一條目含四部份：(1) 傳略；(2) 主要作品中一部之概要，其角色及論題的（thematic）影響之分析；(3) 檢視文學佈局（device）；(4) 分析當時事件對作品寫作之影響。本書有很多繪圖，有助於高中學生寫作業時參考。
James Vinson相同題名之作品Great Writers of the English Language (3 v., 1979, St. Martin's Press) 與本書無關。內容為英國自盎格魯薩克遜時代（Anglo-Saxon）迄今，重要作家批評性傳記之合集。

Contemporary Literary Critics. 2nd ed. Elmer Borklund. Detroit : Gale, 1982. 600 p.

當代文學批評家。第一版1970年出版，本二版含125位英美批評家，較前版增加九位，其餘亦加以增修。每一條目（批評家）有簡傳、批評家所寫的文章與有關該批評家之（by and about）文章的書目。每篇長2-6頁，試圖詮釋批評家之目標、立場與其成就。

The Writer's Directory. 1971/1973- . Detroit : St. James, 1973- . Biennual.

作家名錄。所含作家至少出版過一本英文書。每一條目包括個人基本資料，所含文學類別有小說、非小說、詩、戲劇。地區則美、英、加、南非等英語國家皆在內。其"Yellow Pages"則是在分類下列作家姓名。

▌ 三、歷史（Histories）

Annals of American Literature, 1602-1983. Richard M. Ludwig and Clifford A. Nault, Jr., eds. New York : Oxford University Press, 1986. 342 p. Repr. 1989.

美國文學編年。與Annals of English Literature, 1475-1950 （下一本）體例相同。列美國文學重要著作，大部分英文書，少數歐洲語文書。作品依年份排，再分排小說、非小說、戲劇、詩四類。作家是每一年依字母順序排，列作品名稱、文學類別。邊欄有重要歷史事件或文學事件，如報紙創刊日、作者生卒年、外國文學作品。雖本書有疏漏處，仍有助於快速查檢。

Annals of English Literature, 1475-1950 : The Principal Publications of Each Year Together with an Alphabetical Index of Authors and Their Works. 2nd ed. Oxford : Clarendon Press, 1961. 380 p. Repr. 1976.

英國文學編年。第一版1935年出版，含1925年以前作品。本二版編年以年份排列，下列作者，作者下列重要作品，旁邊一欄列文學家之生卒年、當年創刊之報紙和重要期刊、與英國文學有關之外國事件。

Cambridge History of American Literature. 2nd ed. Sacvan Bercovitch, ed. New York: Cambridge University Press, 1994-2005. 8v.

劍橋美國文學史。本大套書第一版於1917-1921出版四冊後，深受好評。本第二版擴增至八冊，仍備受讚譽。八冊內容如下：第一冊是1590-1820年之美國文學，第二與三冊是1820-1865年之美國散文與詩，第四至六冊是1865-1940年之美國文學、散文與詩。第七冊是1940-1990年之美國散文，第八冊是1940-1995年之美國詩。本書有關美國文學早年歷史，相當完備，包括各類文學形式和重要作家。此外，其特色是收入早年旅遊者、探險者、殖民地報紙、文學編年與兒童文學等相關著作。每章皆由專家執筆，附完整書目。

Cambridge History of English Literature. A. W. Ward and A. R. Waller, eds. Cambridge, England : Cambridge University Press, 1907-1917. Repr., 1976. 15 v.

劍橋英國文學史。雖出版久，仍是英國文學史之典範之作。每章皆由專家執筆寫成。第1-11冊依時代排列，從最早至十九世紀，第12-14冊是二十世紀，第15冊是全書之索引，每冊有書目。讀者對象為研究生。重印數次，有時未附書目。

A Literary History of England. 2nd ed. Albert Croll Baugh. New York : Appleton-Century-Crofts, 1980. 4 v.

英國文學史。本書涵蓋時期與Cambridge History of English Literature（上一本）相同，而卷冊較少，僅四冊。全套由美國學者執筆。本1980版維持和1967年第一版相同之風格，全套文體一致，極具參考價值。第一冊：中古時期，又分1100年以前之古英文（Old English）時期與1100-1500年之中古英文（Middle English）時期。第二冊：文藝復興（1500-1660）。第三冊：王權復興（Restoration, 1660-1668）及十八世紀（1660-1789）。第四冊：十九世紀迄今。本書以引用文獻和書目著稱，新版後附有圖書、期刊之研究書目。

Literary History of the United States. 4th ed., rev. Robert E. Spiller, et al., eds. New York : Macmillan, 1974. 2 v.

美國文學史。第一版1948年出版，是繼1921年出版Cambridge History of American Literature（見前）後之通論性美國文學史。第一冊：分章敘述自殖民時代迄1974年之文學歷史，由專家執筆。第二冊：書目性文章，提供資料，作為第一冊文字敘述文學史部份之佐證。全書含有四部份：資料指引、文學與文化、運動和影響、作家。收250位作家，敘述其貢獻。

■ 四、詩、小說（Poetry, Fiction）

Science Fiction, Fantasy, and Weird Fiction Magazines.
Marshall B. Tymn and Mike Ashley, eds. Westport, Conn. ;
Greenwood Press, 1985. 970 p.

科幻小說、奇幻小說、怪誕小說雜誌。是此類雜誌最優之指引，包括1882年迄今之英語期刊。分數部份：(1) 英、美、加、澳之期刊單，述其起源、發展、書目索引情況、是否重印、出版日期，有參照。(2) 其他部份：英語文摘、重要學術性期刊、23外國之178種雜誌摘要。附錄：藝術家索引、期刊創刊年表。

American Fiction, 1774-1850 : A Contribution toward a Bibliography. Additions and corrs. appended, 2nd rev. ed. Lyle Henry Wright. San Marino, Calif. : Huntington Library, 1978. 438 p. American Fiction, 1851-1875. 1965. Repr., 1978. American Fiction, 1876-1900. 1966. Repr., 1978. American Fiction, 1901-1925. 1997. American Fiction, 1920-1940. 1941, Repr., 1960. American Fiction Since 1940. 1992.

美國小說書目。正編有3,500條書目，包括小說、愛情小說、短篇小說、小說傳記及遊記、寓言等，分藏於22所圖書館中。所有小說皆美國作家作品，條目依作家姓氏字母排列，不含青少年小說。每25年有一補編，如：補編（1851-1875年），有2,800條書目，收藏於19所圖書館中；補編（1876-1900年），有6,175條書目，收藏於15所圖書館中。

Victorian Fiction : A Guide to Research. Lionel Stevenson, et al. Cambridge, Mass. : Harvard University Press, 1964. Repr., New York : Modern Language Association of America, 1980. 440 p.

英國維多利亞時期小說研究指引。本書分章討論1962年以前出版的維多利亞時期（Victorian，1837-1901）主要小說家之研究及批評著作。其補充著作是：Victorian Fiction: A Second Guide to Research, ed. by George H. Ford (MLA, 1974)，有1963-1974年間出版之17位研究維多利亞小說之著者的著作；據本書中Richard Altick說，維多利亞文學約包括40,000本小說。

English Fiction, 1900-1950. Thomas Jackson Rice. Detroit : Gale, 1979-1983. 2 v.

英國小說。本書涵蓋1900-1950年間40位有影響之英國作家。第一冊艾爾丁到赫胥黎（Alding to Huxley）；第二冊喬伊斯到吳爾芙（Joyce to Woolf）。有一般書目之外，每位作家條目之下有其完整之小說作品清單，並擇要列小說以外之作品。此外，有一份含二手資料之書目，內有期刊、傳記、書刊中之批評性圖書及文章、個別作品之研究書目。所收資料年份到1980年。另有English Fiction, 1660-1800。

Fiction Catalog. 1908- . New York : H. W. Wilson, 1908- .

小說目錄。第一版1908年出版以來，已成著名之標準目錄，是Public Library Catalog (Nonfiction) 之相輔出版品。本目錄收英文小說，每五年出一版，其後每年有補篇，是選擇性有提要之目錄。依作者排列，下列書名，有小說情節之摘要及書評之摘要。另有題名／主題索引。

Short Story Index : An Index to 60,000 Stories in 4,320 Collections. Dorothy Elizabeth Cook and Isabel Stevenson Monro. New York : H. W. Wilson, 1953. 1553 p.
Supplements 1950-54, 1955-58, 1959-63, 1964-68, 1969-73, 1974-78, 1979-83, 1984-1988.

短篇小說索引。本書最早於1953年出版，包括1949年以前出版的60,000篇短篇小說，依著者、書名、主題排列，皆英語小說，由數千本合集中選出。而此後不定期出補編，近年來每年出補編，每五年有彙編本。1979-83年補編有16,633篇短篇小說之索引，從904本合集中選出，另亦從67種期刊中索引出其短篇小說。1974-78年之補編開始收有期刊索引。1984-88年補編有22,431篇短篇小說之索引。在各編書後有合集之索引及期刊之名錄。

Encyclopedia of Science Fiction and Fantasy through 1968.
Donald H. Tuck, comp. Chicago : Advent, 1974-1982. 3 v.

科幻小說與奇幻小說書目。書目性而非百科全書性的探討。三冊。第一冊：Who's Who and Works A-L. 列作者，文集編著者、編者、藝術家，附其傳記、作品清單（著名之版本及外文譯本），目次依文集和合集排列。第二冊：Who's Who and Works M-Z部分。此外尚有書名依字母排序之清單。第三冊：雜誌、平裝本、筆名參照、叢書、出版商、影片等。原計劃每五年出補編，迄今未實現。

Contemporary Novelists. 6th ed. Lesley Henderson and Noelle Watson, eds. Detroit : St. James Press, 1996. 1173 p.

現代小說家。第一版於1972年出版以來，是現代英語小說家之重要工具書。小說家之選擇頗為慎重，每版人選變更幅度相當大，如果前版之小說家因最近之聲譽改變，有些即被刪除。條目依作家排列，每位作家條目下列簡傳、出版作品（依小說、戲劇、韻文與其他，四項排序）書目。為署名之書評，有進一步研讀參考資料。篇名（title）索引，附著者和日期。

Critical Survey of Long Fiction : English Language Series. Rev. ed. Frank N. Magill, ed. Pasadena, Calif. : Salem, 1991. 8 v.

長篇小說之評論。本書為英文系列，350篇。含作家之長篇傳記，其作品之評論、貢獻、和主題解釋等。本書較前版（1983年）多增加25位作家，150篇評論文章經過修正。書目增修，並

有提要。包括作家從Samuel Richardson到John Irving；著名者
有Ray Bradbury、Joseph Wambaugh、Salman Rushdie，
亦增入本版中。此乃英文系列。外文小說系列見Critical Survey
of Long Fiction: Foreign Language Series （見後）。

English Poetry, 1660-1800 : A Guide to Information Sources.
Donald C. Mell. Detroit : Gale, 1982. 501 p.

1660-1800年之英詩。涵蓋二十世紀1979年以前，批評性研究的
資訊資源。分兩部份：第一部份：一般參考工具書之書目、詩
集、評論。並包括學科之書目、書單和背景研究。第二部份：收
31首英詩，列其標準版本、書目和批評性研究。此外，Donald
H. Rieman's English Poetry, 1800-1835 (Gale, 1979)與Emily
Ann Anderson's English Poetry, 1900-1950 (Gale,1982)可視為
本書續編。

*English Poetry Full-Text Database. Cambridge : Chadwyck-
Healey. CD-ROM.

英詩全文資料庫。五片光碟收有列在Index to British Literary
Bibliography （見前）書中的1,350首詩，含盎格魯薩克遜
（Anglo-Saxon）時期迄十九世紀的英詩。依年代排列，分三
期：600-1660年、1661-1800年、1801-1900年。光碟可以布
林邏輯，選擇意象（imagery）、語言（language）、日期
（date）、人名（name）查詢。

*The Columbia Granger's Index to Poetry. 11th ed. Nicholas
Frankovich and Edith Granger, eds. New York : Columbia
University Press, 1997. 2299 p.

英詩索引。1904年初版，初名為Granger's Index to Poetry。
出版以來即成重要作品，把文集中之詩以詩名、第一行詩句、作
者、主題作索引。其後各版皆是前版之彙積本。第七版（1982
年）則改為1970-81年的230詩集之索引，不彙積前版。第八版

（1986年）又恢復以前各版之彙積本，收1900-1985年文集中400首詩，其中80首為新作品。第九版（1990年）第一次於題名加上"Columbia"，400種文集中100,000首詩作索引，其中150種新文集，50種由其他語言的英譯本。第十版（1994年）收到1993年6月3日以前之詩。本第十一版，收到1997年1月31日以前之75,000首詩。1995年發行CD ROM。

The New Oxford Book of American Verse. Richard Ellmann, ed.. New York : Oxford University Press, 1976. 1076 p.

新牛津本美語詩。本書1927年出版以來即成標準本。1927年及1950年兩版皆由Bliss Carman及F. O. Matthiessen所編，獲得好評。本版（1976年）續此優良傳統，列17世紀以來至1934年之詩人，從Ann Bradstreet到Imamu Amiri Baraka (Leroi Jones)，共75位經過嚴格挑選之詩人。依詩人之年代排列，其下依年份排列其詩作，收其代表作，詩作之標準在其本身之價值及代表現代詩之趨向。有著者、詩名、及第一句詩句之混合索引。

The New Oxford Book of English Verse, 1250-1950. Helen Louise Gardner. New York : Oxford University Press, 1972. 974 p. Repr. with corr., 1986.

新牛津本英詩。是Oxford Verse Series最先出之一種。1900年出版以來，即成標準本。1990年出版之第一版含1900以前之英詩。1939年出版之第二版含1918以前之英詩。本1972年版收1950年以前之英詩，共900首，不同於前二版只收抒情詩（lyric verse），此版收入各類非戲劇詩（non-dramatic poetry），亦收入美國詩人龐德（Ezra Pound）、艾略特（T. S. Eliot）之詩作。書本有簡略附註和書目，有作者和第一行詩句索引。

American and British Poetry: A Guide to the Criticism, 1979-1990. Harriet Semmes Alexander. Athens, Ohio: Swallow, 1996. 465 p.

英美詩批評指引。前版（1984年）涵蓋1925-78年間，圖書或期刊中出現之英美詩批評之清單，以詩人順序排列，再排個人之作品。詩作為1,000行以內長詩，有對全詩之批評。本版（1996年），刪去已停刊之批評作品，另增"general"置於詩人姓名之下。當詩本文無法尋得時，列其他可以找到該詩之書或文。與 Poetry Explication: A Checklist of Interpretation Since 1925 of British and American Poems Past and Present（下一本）編排相同，但該書收500行以內之詩。

Poetry Explication : A Checklist of Interpretation Since 1925 of British and American Poems Past and Present. 3rd ed. Joseph Marshall Kuntz and Nancy C. Martinez. Boston : G. K. Hall, 1980. 570 p.

英美詩解說。本書涵蓋1925年以來英美詩清單（checklist）。第一版1950年出版；修訂版1962年出版。本1980年版把前二版相關英詩之清單列入。書名「解釋」或「解說」（explication）之意義是將詩之部份和全部加以分析解說。這些解說皆選自文學作品和期刊論文。收500行以內之詩作。依英美詩作者排列，下排作品。與American and British Poetry: A Guide to the Criticism, 1979-1990編排相同（上一本）。其後兩位著者把本書擴增成二部書如下：(1) Guide to American Poetry Explication (G.K. Hall, 1989) 2v. (2) Guide to British Poetry Explication (G.K. Hall, 1995) 4v.

Contemporary Poets. 6th ed. Tracy Chevalier, ed. Chicago : St. James Press, 1996. 1336 p.

當代詩人。本書包括詩人現存者，由國際知名專家選出人選。本第六版包含779位現存詩人，較前版增加120位。每位條目下有簡傳、著作完整書目，書目以類別分，如詩、批評、傳記，一篇署名之批評文章。有書目及儲藏地點之資料。詩人亦可提供對自己詩作之評語。有詩名索引。

■ 肆、各國文學 (LITERATURE IN OTHER LANGUAGES)

Critical Survey of Long Fiction : Foreign Language Series. Frank N. Magill, ed. Englewood Cliffs, N. J. : Salem, 1984. 5 v. Supplement. 408 p. 1987.

外語（英語以外）之長篇小說批評研究。Critical Survey of Long Fiction: English Language Series. Revised Edition為英語長篇小說研究（見前），二者為姊妹著作。1984年正編五冊中，第一至四冊收182位外語作家。每位作家下列其長篇小說清單、對其他文學形式之貢獻、主要成就、略傳、分析其長篇小說，並列其長篇小說以外之重要作品。第五冊是世界各地小說論文數篇。有著者、書名混合索引。1987年補編增列50位小說家。

Critical Survey of Poetry : Foreign Language Series. Frank N. Magill, ed. Englewood Cliffs, N. J. : Salem, 1984. 5 v.

外語（英語以外）詩之批評研究。本書五冊中，第一至四冊有200位英語以外的外語詩人。每位詩人條目下有署名文章介紹其詩及詩集、其他文學形式之作品、成就、傳記、作品分析、詩以外重要作品的簡略書目。有100位專家參與寫作，故每位詩人所介紹之文章品質不一。每文10頁以下。第五冊有20幾篇文章介紹世界各地區或各國家之詩。

Magill's Critical Survey of Poetry: Supplement. (Salem Press, 1987.)補充其English Language Series及本書，共增添英語詩人及其他國家語言詩人50人，其中10位女性詩人。Magill's Critical Survey of…分作Long Fiction, Poetry, Drama三種，三種又各分英語系列（English Language Series）與外語系列（Foreign Language Series）二者，共六冊。

Ancient Writers : Greece and Rome. T. James Luce, ed.-in-chief. New York : Scribner's, 1982. 2 v.

古代希臘與羅馬作家。本書共47篇文章，由英、美、加、以色列學者寫成。每篇10-50頁不等，每篇含一位或數位希臘或羅馬作家。每篇作家下列傳略、作品之批評；書目列現存之原文版本及現代譯本、選擇性之英文批評性書目。

The Oxford Companion to Classical Literature. 2nd ed. M. C. Howatson, ed. New York : Oxford University Press, 1989. Repr. with corr. 1990. 615 p.

牛津本古典文學手冊。此為1937年開始由Sir Paul Harvey所編著名手冊之最新版。以學生和一般讀者為對象。資料豐富，不僅限於古典文學。由於近時古埃及線形文字B（Linear B Script）之解讀，古典學研究之進展，本版大幅修訂擴充。條目不僅限於作家、文學、作品，尚擴及於歷史、人物、機構、宗教，以助文學之暸解。有參照、無索引。有地圖、無書目。本書有節縮本：The Concise Oxford Companion to Classical Literature (1993)。

The New Oxford Companion to Literature in French. Peter France, ed. New York : Oxford University Press, 1995. 865 p.

簡明牛津本法國文學手冊。1976年，依據Paul Harvey's Oxford Companion to French Literature (Clarendon Press, 1959) 改成簡明節縮本。本書將文句、格式、字數縮減，文章篇數未減。有時增刪文章。條目包括主要、次要作家、文學類別、作品情節、文學運動，亦包括現代文學人物和思潮的相關條目。本版簡明本包括3,000條目。

Research and Reference Guide to French Studies. 2nd ed. Charles B. Osburn. Metuchen, N. J. : Scarecrow, 1981. 532 p.

法國研究學之研究與參考指引。第一版1968年出版；補編1972年出版。本二版全部修訂過。有6,000個條目，有助於法國語言與文學之研究。介紹多類參考工具書，以英、法、德文為主。書目優良，為批評性研究。第一版包括較廣泛性的法國研究，本二版可作為前一版與MLA International Bibliography（見前）之機讀檔之間之聯繫工具書。

Dictionary of Italian Literature. Rev. and exp. ed. Peter Bondanella, et al., eds. Westport, Conn. : Greenwood Press, 1996. 716 p.

義大利文學字典。有425條目，包括作家、文學類別、時代、運動、其他相關主題。大部份條目是作家，提供傳略和其成就。作家時代由十二世紀至1995年。大部份文章署名，附書目，包括重要原文之英譯本、各種文字圖書與期刊之批評性研究。附錄有年表，列義大利文學、世界文學和哲學之事件。

The Oxford Companion to Spanish Literature. Philip Ward, ed. Oxford : Clarendon Press, 1978, 629 p.

牛津本西班牙文學手冊。本書條目包括人物、作品、主題。人物以作家最多，亦包括批評家、史家、哲學家。作品之情節大綱、重要期刊、圖書、叢刊、文學運動等都包括在內。涵蓋西班牙文學之各部份：Basque、Catalan、Galician、Castilian；但不包括葡萄牙文學。其他各國西班牙文學，在中、南美洲及墨西哥的亦包括在內。雖無總書目，但有很多條目下附有進一步閱讀書目。

The Oxford Companion to German Literature. 3rd ed. Henry Garland and Mary Garland, eds. New York : Oxford University Press, 1997. 951 p.

牛津德國文學手冊。本三版涵蓋德國文學自古至1995年。本書依字母排列條目，如事件、作家、作品情節大綱、文學類別、文學運動、作品中角色、歷史人物、藝術家、哲學家、期刊等。有現代德國文學家。涵蓋周延而完備。

Reference Guide to Russian Literature. Neil Cornwell and Nicole Christian, eds. Chicago : Fitzroy Dearborn, 1998. 972p.

俄國文學參考指引。本書先以13篇導論文章，探討各時期、各主題、各文類的俄國文學。其後有條目討論俄國作家與作品。包含250位作家條目，下列作家簡傳、作品書目、評論文字。另包含300部作品條目，下列評論文字。每一條目皆文長1,000字左右，由學者署名寫成。

Asian Literature in English : A Guide to Information Sources. George Lincoln Anderson. Detroit : Gale, 1981. 336 p.

亞州國家文學之英語提要書目。包括亞洲文學之英譯本、批評研究和文學史以英語寫作者。全書共2,225條書目，附提要。條目包括亞洲國家（中、日、韓、緬、柬埔寨、印尼、寮、馬來西亞、新加坡、泰、蒙、藏、中亞）著作之英譯本。此外，各國文學之書目、文集、參考書、文學史、文學文類（genre）、作家、批評等，皆列為條目。本書不含印度文學。因Gale另有Indian Literature in English (by Amritjit Singh, 1981)，是印度文學英語著作之書目。

The Indiana Companion to Traditional Chinese Literature. William H. Nienhauser, Jr., ed. Bloomington, Ind. : Indiana University Press, 1986-1998. 2 v.

美國印第安那大學傳統中國文學手冊。編者中文譯名倪豪士。本書v.1 (1986) 分兩部份：(1) 佛教、道教文學及其他文類文章10篇。(2) 作家、個人作品、文學類別、文學體裁（Styles）等，500條目，每條下附書目。本書v.2 (1998)，對v.1之條目作相當程度的補充，另增加60條新條目。

The Princeton Companion to Classical Japanese Literature.
Earl Miner, et al. Princeton, N. J. : Princeton University Press,
1985. 570 p.

美國普林斯頓大學古典日本文學手冊。日本古典文學時期代表日
本明治（Meiji）維新（1867-68）以前之時期。自有史至1868年
之漫長時期中，每一時期之文學有一篇導論，各篇文章附以圖、
地圖、圖片等輔助解說。有年表說明各社會群體。條目涵蓋衣
飾、住屋、藝術等資料；重要作家，其傳略和作品。並有文學語
彙表（glossary）。

|| 註釋 ||

註1 Ron Blazek and Elizabeth Aversa, **The Humanities : A Selective
Guide to Information Sources**, 5th ed. (Englewood, Colo. :
Libraries Unlimited, 2000), Chapter 12, pp. 399-422,。

註2 Nena Couch and Nancy Allen, **The Humanities and the Library**,
2nd ed.（Chicago: American Library Association, 1993）, pp.
89, 110-126。

註3 同註1，Chapter 12, pp. 422-536，同註2，頁110-126。

chapter 6
西洋視覺藝術參考資料選介

　　視覺藝術（Visual Arts），一般包括圖畫藝術、塑造藝術、建築，以及應用工藝品等四大類。

　　藝術圖書館不收藝術品原件，而收藏有關藝術品研究之資訊與資料，或稱藝術品之二手資料及三手資料。

　　視覺藝術資料，包括藝術史，藝術批評，收藏目錄、手冊，展覽目錄，藝術欣賞導覽，工藝品製作手冊，藝術品之技術分析，藝術家自傳、傳記，藝術品銷售、拍賣目錄，參考工具書等。

　　視覺藝術資料，其媒體除紙本外，尚以縮影片、錄影帶、光碟、幻燈片、電腦繪圖等貯存之。[註1]

　　本節西洋視覺藝術參考資料，取材於Blazek和Couch & Allen，及其他著作。[註2] 本章所介紹的參考資料以參考工具書為主，如該參考工具書已可透過線上（On-line）或光碟 （CD-ROM） 檢索，則加註記號＊。其他的媒體資料繁多，不在選介之列，尚祈讀者見諒。

■ 壹、藝術通論（ARTS IN GENERAL）

■ 一、指引、書目、索引（Guides, Bibliographies, Indexes）

Guide to Basic Information Sources in the Visual Arts. Gerd Muehsam. Santa Barbara, Calif. : Norton, 1978. 266 p.

視覺藝術基本資料指引。本書以書目式論文，介紹1,000種出版品，說明視覺藝術相關之歷史背景、檢索方法、藝術派別等。全書有四部份：核心資料、西方藝術時期、藝術形式和技巧、各國藝術派別。本書對象是學生，明白易讀，雖舊仍可參考。

Art Research Methods and Resources: A Guide to Finding Art Information. 3rd ed. Lois Swan Jones. Dubuque, Iowa : Kendall/Hunt, 1990. 373 p.

藝術研究方法與資源。本書是實用而富含資訊的指引，涵蓋廣，包含一般性參考資料及專門性研究資料。1979年第一版重視研究方法和資料蒐集。本三版，增修前第二版之四部份：(1) 初學者用，(2) 作藝術研究的方法，(3) 書目附提要，內含資料庫，(4) 獲取資料之步驟及研究圖書館藏內容。附錄有多種語言之藝術名詞語彙表（glossary）。附索引。

Fine Arts : A Bibliographic Guide to Basic Reference Works, Histories, and Handbooks. 3rd ed. Donald L. Ehresmann. Englewood, Colo. : Libraries Unlimited, 1990. 373 p.

藝術基本參考書目。本書亦含藝術歷史、手冊之書目。前第二版1979年出版，從Mary Walls Chamberlin's Guide to Art Reference Books (ALA,1959) 中選出不少書目。本三版共2,051條目，包括1830-1988年間重要藝術方面的西文資料：圖書和論文。資料必須包括繪畫、雕塑、建築三種之中，二種以上的視覺

藝術媒體才收入本書。全書分二部分：(1) 七章參考工具書，(2)
六章以時代或地區分之歷史或手冊。有簡略提要，有的條目有評
論。有著者、書名、主題三種索引。本書是著者Ehresmann所
著有關視覺藝術三種指引之一，其他二種，見後。

**Fine Arts Periodicals : An International Directory of the
Visual Arts**. Doris Robinson. Voorsheesville, N. Y. : Peri Press,
1991. 570 p.

視覺藝術期刊名錄。包括2,800種藝術期刊、通訊、報紙，有些
是無法在Ulrich's International Peroidicals Directory找到的。涵
蓋藝術各種媒體形式的重要及次要資料。條目依廣義的主題標目
排列，如"Information Source"與"Decorative Arts and Crafts"
等。期刊款目下列地址、出版等項。有題名、出版社、機構、主
題、ISSN等索引。

Guide to the Literature of Art History. Etta Mae Arntzen and
Robert Rainwater. Chicago : American Library Association,
1980. 616 p.

藝術史文獻指引。包括4,000種參考和研究書，重點在研究之
用，但藝術史部分對一般讀者也有用。分四主要部分：一般參
考書、一般一手和二手資料、特殊藝術形式（如繪畫、雕塑）
資料、連續出版品。本書40％取材於Mary Walls Chamberlin's
Guide to Art Reference Books (ALA,1959)，而提要則重新修
訂改寫。Chamberlin書列2,500種參考書附提要，是權威著作。

Art Books : A Basic Bibliography of Monographs on Artists.
2nd ed.　Wolfgang M. Frietag. New York : Garland, 1996.
351 p.

藝術家單本書基本書目。本書著者是Harvard Fine Arts Library
之圖書館員，根據該館館藏而編輯本書目。列2,100位藝術家
有關之單本書共14,000本，雖以歐洲和北美為主，但藝術家則

古今各國皆有。依藝術家排列，列其傳記、相關書目、目錄、Catalogués raisonné（某一藝術家已知所有作品之目錄）。有全書著者目錄，並有各種語言之書目。

本書參酌Edna Louise Lucas, Art Books: A Basic Bibliography on the Fine Arts (N.Y. Graphic Society, 1968)，該書含4,000條目。

*Art Index.1929- . New York : H. W. Wilson, 1929- . Quarterly, annual cumulation.

藝術索引。本書含藝術相關領域頗廣，如考古、建築、藝術史、都市計畫、工藝、繪圖以及純藝術，約225種期刊、年鑑、博物館期刊之索引。是國際性，五種語言，涵蓋廣的期刊論文索引。論文分列於著者和主題之下，而書評列於著者個別作品之下，展覽列於藝術家或藝術形式之下。藝術品之複製品也作索引。插圖如未附文字，則置於著者名下。透過WILSONLINE可以線上檢索。1990年出版CD-ROM。

*ARTbibliographies MODERN. v.4 - , 1973 - . Santa Barbara, Calif. : ABC-Clio. Semiannual.

現代藝術書目。以十九、二十世紀之圖書、期刊論文、論文、展覽目錄作索引，並附摘要。條目依藝術家姓名和主題編排，並有著者、博物館和藝廊之索引。線上可透過DIALOG檢索。亦可透過CD-ROM查詢。

為LOMA之後續性期刊。LOMA 全名Literature of Modern Art (Lund Humphries, 1971-72)，是其前身，刊期編號v. 1-3。故本期刊刊期編號始於v.4, 1973.

*RILA, Repertoire international de la literature de l'art / International Repertory of the Literature of Art. 1975-1989. Williamstown, Mass. : Clark Art Institute/Getty Art History Information Program, 1975-1989. 15 v. Semiannual.

國際藝術文獻目錄。本期刊乃國際性摘要服務。以歐洲古典時期以後，及北美哥倫布以後時代之藝術為涵蓋範圍。包括圖書、期刊文章、報紙文章、紀念集、會議報告、展覽目錄、博物館出版品、論文等。先以主題或時代排列，下列作者，再附以摘要。

1990年後，與Répertoire d'art et d'archeologie (RAA) 合併成BHA（下一本），可透過DIALOG線上檢索

*Bibliography of the History of Art：BHA=Bibliographie d'histoire de l'arte. 1991-　. Santa Monica, Calif.：J. Paul Getty Trust, Getty Art History Information Program, 1991-　.

藝術歷史書目。本書為RILA（上一本）與RAA合併而成之續編。由法國和美國機構合作，是重要之國際藝術史書目摘要服務，含約4,000種期刊、圖書、展覽目錄、學位論文，皆與藝術史有關。歐洲古典以來、北美哥倫布發現新大陸以來各時期藝術皆包括在內。東方藝術對西方有影響的才收入。各種媒體藝術皆包括在內。有著者、主題和期刊索引。可透過DIALOG線上檢索。

Twentieth Century Artists on Art：An Index to Artists' Writings, Statements, and Interviews by Artists, Architects, and Designers. 2nd enl ed. Jack Robertson. Boston：G. K. Hall, 1996. 834 p.

二十世紀國際藝術家作品索引。本書含60個國家之5,000位藝術家，其作品、理念、訪問等之索引。藝術範圍廣，含純藝術、攝影、建築、表演等。以西方資料為主，75%是英文。從500種出版品中選出14,000筆引文條目。500種出版品附OCLC系統號及LC卡號。

▎二、字典、百科全書、手冊
（Dictionaries, Encyclopedias, Handbooks）

The Artist's Handbook of Materials and Techniques. 5th ed. Ralph Mayer; Revised and updated by Steven Sheehan. New York : Viking, 1991. 761 p.

藝術家使用之材料和技巧手冊。1940年第一版出版以來，享譽不衰。第四版1981年出版。第五版由耶魯大學Ralph Mayer Center主任Sheehan增修。循前各版體例，成為權威參考書。本書條目包括藝術材料，如粉料（pigments）、油畫、塗料畫（tempera painting）、水彩、溶料與各種新材料，及其保存技術。有附註。附書目索引。

The HarperCollins Dictionary of Art Terms and Techniques. 2nd ed. Ralph Mayer; Revised and ed. by Steven Sheehan. New York : HarperPerennial, 1991. 474 p.

哈波哥林斯藝術語彙與技巧字典。本書1969年第一版出版以來，重印數次，為標準工具書。Sheehan在重修The Artist's Handbook of Materials and Techniques (5th ed., 1991)（上一本）時，同時修訂本書。將前版之3,000條目加以修訂，適用於學生和專家。含藝術學派、風格、各時期之條目，重視藝術家作業過程及材料。不含傳記、建築、東方藝術。有些附插圖。

The Dictionary of Art. Jane Turner, ed. New York: Grove, 1996. 34 v.

世界藝術字典。本字典為大型百科全書的結構，共34冊。與Grove出版的The New Grove Dictionary of Music and Musicians (1980)，享有卓越聲譽。本字典包括世界藝術各方面。共有41,000篇文章，附書目。由6,700位專家執筆寫成。條目跨學科，包括：人類學、考古學、表演藝術等。附15,000幅插圖。索引完善詳盡。

Dictionary of Twentieth Century Art. Ian Chilvers. New York：Oxford University Press, 1998. 670 p.

二十世紀藝術字典。本字典包括藝術之基本史實、定義、現代藝術之特色、風格等。重現代之發展，有不少傳記資料，含現代藝術家及其作品。為一般讀者和非專家提供參考。有不少插圖為本書增色。附書目。

Encyclopedia of World Art. New York：McGraw-Hill, 1959-1987. 17 v.

世界藝術百科全書。本百科同時以義大利語和英語出版，歷經近30年才出完17冊（1959-68年間出了15冊）。是國際上優良的參考書。文章篇幅頗長，由專家署名寫成。書目頗長，深具價值。文章篇目依字母順序排列。第15冊是索引。有人物傳記，有些頗為簡略。篇目重心在藝術學派、藝術運動、國家藝術特色等。共20,000篇文章。每冊約有圖版500幅，有些是彩圖。16、17冊是補編，補充當代藝術及其展望。

The Encyclopedia of Visual Art. Sir Lawrence Gowing, general ed. London：Encyclopeadia Britannica, 1984. 10 vols.

視覺藝術百科全書。全書分三大部分：1-5冊為藝術史，古今藝術流派及運動；6-9冊為藝術家傳記；10冊為各類藝術之材料及製作過程。有藝術詞彙單。索引有藝術家、藝術作品。文章附書目。

The Oxford Companion to Art. Harold Osborne, ed. Oxford：Clarendon, 1970. Repr. 1984, 1986, 1989. 1277 p.

牛津藝術手冊。1970年出版以來，重印數次。含3,000條目，依字母順序排列。偏重繪畫和雕塑，其他視覺藝術如建築、陶瓷亦包括之。很少包括應用藝術和工藝。文章長短不一，涵蓋藝術之流派、運動、觀念、風格，不附書目。附錄有單獨之書目。

The Oxford Companion to Twentieth-Century Art. Harold Osborne, ed. New York : Oxford University Press, 1981. Repr. with corr., 1985, 1988. 656 p.

牛津二十世紀藝術手冊。The Oxford Companion to Art（上一本）偏重當代（1970年以來），本書則重現代（二十世紀）。強調現代藝術之性質。條目包括現代藝術風格、運動、流派。名詞解釋簡明，作為尋找現代藝術各專題之手冊之用。包括最新之電腦藝術與身體藝術。現尚健在之藝術家亦立條目，述其貢獻迄於1970年代中葉。附插圖，書目。

▌三、傳記、名錄（Biographies, Directories）

Artist Biographies Master Index : A Consolidated Index to More Than 275,000 Biographical Sketches of Artists Living and Dead. Barbara McNeil, ed. Detroit : Gale, 1986. 700 p.

藝術家傳記總索引。由Gale之Biography and Genealogy Indexes 中擇取出。從70多種英語傳記字典中作出275,000位現存或已逝藝術家之傳記索引。有畫家、雕塑家、建築家、攝影家、插畫家、陶藝家、電腦繪圖製作者等。附參考資料，只限英語資料。

Index to Artistic Biography. Patrica Pate Havlice. Metuchen, N. J. : Scarecrow, 1973. 2 v. Supplement. 1981.

藝術家傳記索引。本書是70,000篇傳記文章之索引。自1902-70年間，10種語言出版之64種藝術出版品，如傳記、字典、合傳中作出索引。條目下列藝術家姓名、生卒年、國籍、藝術媒體，說明資料來源。1981年補篇，又增加70種資料作成索引，與 Artist Biographies Master Index（上一本）配合使用，是藝術家傳記最常用之工具書。

International Dictionary of Art and Artists. James Vinson, ed. Chicago : St. James Press, 1990. 2 v.

國際藝術與藝術家字典。分兩冊：(1) 傳記冊，收入十三至二十世紀最重要之歐洲與美國藝術家之傳記500篇。由專家群決定傳記人選。含畫家、雕塑家等，列其傳記、重要作品、書目。(2) 藝術冊，列500件個別藝術作品，下列創作之藝術家、收藏地、尺寸、製作日期，並附一篇署名之評論文章。執筆者大多是藝術史學者。有藝術家及作品藏地二索引。

Contemporary Artists. 4th ed. Colin Naylor, ed. Chicago : St. James Press, 1996. 1340 p.

當代藝術家。本書第一版（1977）含世界各國藝術家1,300位。第二版（1983），刪一版之450位、增150位，共1,000位。第三版（1989）則刪200位、增50位，共850位。本第四版就三版刪增，仍包括850位左右藝術家。本書包括純藝術以及應用藝術之各種媒體藝術家，其作品曾在著名畫廊展出或永久典藏者。每一條目（藝術家）包括：傳略、展覽、或館藏地、其本人或他人有關（by and about）之著作、經紀人及一篇署名之評論。有些附照片及本人對自己之評論。

Who's Who in Art : Biographies of Leading Men and Women in the World of Art Today. 1927- . London : Art Trade Press, 1927- . Biennual.

英國藝術家名錄。本名錄出版期程不定，有拖延至14年（三、四版之間）者。近年每兩年一版，已出到33版（2008年）。所列文章，幾乎全是英國藝術家，外國籍者比例偏低。每一條目列生日、教育、專業組織會社、展覽清單、館藏單、通訊地址、簽名款式等。

Modern Arts Criticism : A Biographical and Critical Guide to Painters, Sculptors, Photographers, and Architects from the Beginning of the Modern Era to the Present. Joann Prosyniuk, et al. eds. Detroit : Gale Research, 1991- .

現代藝術評論期刊。每冊包括十九世紀以來迄今之25位畫家、雕塑家、攝影家等，皆重要藝術家，如Ansel Adams, Frank Floyd Wright, Dali, Van Gogh等。每一條目下列藝術家傳略、圖書或期刊中摘出之批評文章，並附相關閱讀書目。有個別藝術作品和藝術媒體二索引。

World Artists 1950-1980. Claude Marks. New York : H. W. Wilson, 1984. 912 p. Supplement 1980-1990, 1991.

世界藝術家。本書含二次世界大戰後之300位藝術家傳記。畫家、雕塑家、繪圖藝術家等，為各種藝術運動和風格之代表者。藝術家條目下，列人名、生卒年、詳細評傳（3-5頁）。有簡略書目。附圖。1980-90補篇，又收120位，在1980年代有影響力之各國藝術家，附照片。

International Directory of Arts. 1952/53- . Frankfurt : Art Address Verlag; distr., Detroit : Gale, 1953- .

國際藝術名錄。本名錄為藝術類收錄最廣者，收藝術機構與個人。如21版（1994）二冊，27版（2003）三冊。本名錄，收博物館、機構、畫廊、大學、藝術學校、協會、個人；亦收經理人、出版社、書商、收藏者、拍賣商。編排方式是，先排國名，再排城市，下列各該條目名稱。本名錄刊期不定，近年來每二年一版，缺點是無索引。

Dictionary of Women Artists : An International Dictionary of Women Artists Born before 1900. Chris Petteys, et al. Boston :

G. K. Hall, 1985. 851 p.

女性藝術家字典。乃當前此主題最完備者。本書列21,000位女性藝術家，有畫家、印刷家、插畫家、雕塑家等，但無攝影師、藝術師、工匠、設計家。藝術家條目下列：姓名、筆名、結婚後名、生卒年、所應用之媒體、創作之主題、教育、展望、獎項，附資料來源。附進一步書目資料。

▌四、歷史（Histories）

Art : A History of Painting, Sculpture, Architecture. 4th ed. Frederick Hartt. Englewood Cliffs, N. J. : Prentice Hall, 1993. 1127 p.

藝術通史。第一版1976年出版以來，享譽不衰。通史性質。文筆優美，插圖多（1,300幅）。第二版1985年，第三版1989年出版。本四版經過改寫，章節變動，強調女性藝術家，二部份：(1) 史前至哥德式晚期，(2) 文藝復興至今。本書涵蓋廣博、述說清晰，凡歷史事件、成就、流派等皆詳加詮釋。修訂之處為增列最新之研究結果。有語彙表、書目、索引。

Gardner's Art Through the Ages. 9th ed. Horst De la Croix, et al. New York : Harcourt Brace Jovanovich, 1991. 1135 p.

藝術通史。自第一版出版以來，成單冊之經典之作。本書涵蓋藝術流派、藝術運動、藝術形式等，是貫穿古今之藝術通史。為大學教科書，為大學、高中學生、圖書館員廣泛採用。經常修訂，附插圖，每章末附書目。Gardner為芝加哥藝術學院（Art Institute of Chicago）教授。第九版由Croix增修，內容及插畫皆增。

History of Art : A Survey of the Major Visual Arts from the Dawn of History to the Present Day. 4th ed. Horst Woldemar

Janson. Rev. and exp. by Anthony F. Janson. New York : Abrams, 1991. 856 p.

藝術通史。與Gardner's Art Through the Ages（上一本）皆為標準本。作者去世後，由其子Anthony繼續修訂第三、四版。第三版1986年出版。本第四版依循前版，包括西洋藝術史全部，偏重繪畫、雕塑和建築。亦包括東方藝術及北美哥倫布之前的藝術。評者認為當代部分是全書最弱的。有不少插圖，有些彩圖。有新穎之書目及完備之索引。

History of Modern Art : Painting, Sculpture, Architecture, Photography. 3rd ed. H. H. Arnason; rev. and updated by Daniel Wheeler. New York : Abrams, 1986. 744 p.

現代藝術史。為標準本，學生或一般讀者適用。本書涵蓋1850年迄今之歐美藝術發展史。含藝術發展之現況、源始、發展、以及繪畫、雕塑、建築方面之風格與時尚。依時代編排。插圖極多，以致於前兩版被批評為文字太少。有重要藝術家傳略，附書目。

The Visual Arts : A History. 4th ed. Hugh Honour and John Fleming. New York : Abrams, 1995. 864 p.

視覺藝術史。第一版1982年，第二版1986年，第三版1992年出版。本書在某些領域之處理，被評為相當優良，尤其現代藝術部份。本書對視覺藝術之涵蓋範圍較周全，自古迄現代，尤其現代部份寫作活潑，藝術觀念及藝術發展皆詮釋清晰。輔以1,100多幅插圖，有些是彩圖。依時代先後編排，把視覺藝術放在歷史與美學架構內陳述，是敘述性兼批評性藝術史。有語彙表、書目、索引。已出到第七版（2010）。

■ 貳、繪畫與圖畫（PAINTING, DRAWING）

Cyclopedia of Painters and Painting. John Champlin and Charles C. Perkins. New York : Scribner's, 1885-87. Repr. Port Washington, N. Y. : Kennikat, 1969. 4 v.

畫家與繪畫百科全書。本書是十九世紀末出版的標準本。條目有畫家傳記、重要畫作之敘述。傳記敘述傳主之重要事蹟、作品、作品典藏地點，有些附書目。畫作則敘述畫之簡史、藏地。附書目，有畫家簽名之複印。

Contemporary Graphic Artists:A Biographical, bibliographical, and Critical Guide to Current Illustrators,Animators, Cartoonists, Designers, and Other Graphic Artists. Maurice Horn, ed. Detroit : Gale, 1986-1988. 3 v.

當代圖像藝術家。由Gale公司規劃，初為半年刊，而結果只出三年之年刊。包括100位圖像藝術家（含卡通、動畫等），依其姓名字母順序排列，附傳記、書目和評論。其中卡通畫家最多。以「當代」為名，亦有十九世紀人物。傳記雖簡略，書目卻不錯。無索引。

Larousse Dictionary of Painters. New York : Larousse, 1981. 467 p. Repr. 1989.

Larousse畫家字典。Larousse出版的圖書以插圖精美著稱。本書亦有數百幅插圖，不少彩圖，乃繪畫之複製圖；遺憾的是排版不佳，效果不盡完善。含歐洲和北美之重要畫家，述其生平、對藝術之貢獻、成名之原因、畫作在何處展出。有不少國家之畫家在內，有些畫家，一般論者認為其藝術影響不大。

The Lives of the Painters. John Canaday. New York : Norton, 1969. Repr., 1972. 4 v.

畫家傳記。由著名藝術史家Canaday撰著。共四冊：第一冊，哥德式晚期至文藝復興。第二冊，巴洛克時期。第三冊，新古典主義至後印象主義。以上三冊涵蓋1840以前450位畫家。論文採敘述性兼帶詮釋，把個人畫家置於與其他人之關係及其歷史地位中；強調其風格與成就，而非僅是傳略敘述。第四冊是第一至三冊中，畫家作品之複印（黑白或彩色）。

A Concise History of Modern Painting. 3rd ed., enl. and updated. Sir Herbert Read. New York : Praegor, 1974. Repr., New York : Oxford University Press, 1985. 392 p.

現代繪畫簡明史。本書是單冊中受參考室歡迎之參考工具書。第一版1959年出版。本書敘述現代繪畫之起源與發展。起自塞尚（Cezanne），討論現代繪畫之成分、影響與風格。包括引自畫家自身對自己之評價。插圖不少，但被評為品質欠佳。第一版之錯誤已更正，是簡明而富含資訊之工具書。

參、建築（ARCHITECTURE）

Architecture : A Bibliographic Guide to Basic Reference Works, Histories, and Handbooks. Donald L. Ehresmann. Littleton, Colo. : Libraries Unlimited, 1984. 338 p.

建築基本參考書、歷史和手冊。本書可做建築圖書之館藏發展及參考工具之用。本書所選圖書以英語為主，亦有其他歐語。重點在務實的書目，大部份書可以在美國圖書館中查獲。共1,350條目，依類型、年代、地理排列。有著者／書名和主題二種索引。本書是著者Ehresmann所著有關視覺藝術三種指引之一，其他二種，見前、見後。

Atlas of European Architecture. Brian Sachar. New York : Van Nostrand Reinhold, 1984. 369 p.

歐洲建築地圖集。本書以十二章依字母順序排列歐洲國家的重要建築。先依國家排，再排城鎮，列3,000棟建築物。建築物條目下列：名稱、日期、地址、建築師、照片、特色、參觀資訊。有二索引：建築和藝術家、城和鎮。本書是一實用手冊，對研究建築之學生、建築師、建築史家有助益。

Encyclopedia of Architecture : Design, Engineering & Construction. Joseph A. Wikes and Robert T. Packard, eds. New York : John Wiley, 1988-1990. 5 v.

建築百科全書。本書歷經六年準備，二年出版之五冊百科全書，新穎而資訊完備。條目有建築家、建築公司、建築物、材料：與建築和營建相關的特色、主題、課題；乃至於有關建築過程和技術，歷史影響和哲學理念方面，都有涵蓋。有500篇由專家執筆的著名文章，3,000張高品質插圖、500個表。第五冊有主題、個人人名、建築物之索引。長達219頁對專題之補充。

Macmillan Encyclopedia of Architects. Adolf K. Placzek, ed. New York : Free Press/Macmillan, 1982. 4 v.

建築家百科全書。本書列世界各國自古以來2,400位著名建築家，生於1931年以前或1931年以前已去世的。人選由編輯部決定。建築家包括工程師、橋樑工程師、景觀建築師、城鄉規劃者、以及少數建築界之愛護者及作家。人選標準是：其影響、其作品重要性、及其製作成品數量。每篇文章約10,000字長度。有名詞語彙表、人名索引、建築物索引。

International Dictionary of Architects and Architecture. Randall Van Vynckt, ed. Detroit : St. James Press, 1993. 2 v.

國際建築家及建築字典。包括525位著名建築家和464棟建築作品。此外，尚有無數的插圖、900張照片、200張建築內部平面圖（Floor-plan）。共二冊：第一冊：建築家，自古希臘迄今。建築家條目下列：傳略、成就、有關傳主本人之圖書與期刊論文，一篇2,000字左右而由專家署名執筆之評論。第二冊：建築，自中古迄今重要之建築計畫。建築條目下列：建築者、地點、大小，附一篇署名評論其歷史及風格之文章。有地點索引。

Sir Banister Fletcher's A History of Architecture. 20th ed. Dan Cruickshank, ed.. Boston : Architectural Press, 1996. 1621 p.

建築史。1953 年，Fletcher逝世，遺命將基金（Trust Fund）贈給Royal Institute of British Architects和University of London 兩機構，給二機構修訂其著名建築史（即本書）之權利。本書1896年首次出版以來，以各時期的建築風格及特色為出發點而編寫之建築史，即成標準本。本書二十版重寫並大幅增加內容。加入歐洲以外的亞、非、澳、大洋、美洲各地區，是自史前迄今之建築史。全書編排，依歷史時期，起自古埃及與希臘，迄於二十世紀，全書分七大部份47章。本修訂本乃世界各國學者參與之成果。本書一直維持其為重要參考書之地位。

■ 肆、雕塑（SCULPTURE）

A History of Western Sculpture. John Pope-Hennessy. Greenwich, Conn : New York Graphic Society, 1967-69. 4 v.

西洋雕塑史。四冊由不同之撰寫人，合編成一套：第一冊，Classical sculpture, by Geoge M.A. Hanfmann. 第二冊，Medieval sculpture, by Robert Salvini. 第三冊，Sculpture: Renaissance to Rococo, by Herbert Keutner.第四冊，Sculpture: 19th and 20th Centuries, by Fred Licht. 各冊探討雕塑和社會、政治、經濟之關係及其發展。每冊有精美插圖、書目、和索引。全套書對西洋雕塑歷史有透徹之敘述。

Sculpture Index. Jane Clapp. Metuchen, N. J. : Scarecrow, 1970-71. 2 v. in 3.

雕塑索引。950種出版品中有關雕塑的條目做成索引。字典式依藝術家、雕塑名稱、主題排列，以利查檢。所依據出版品有藝術史、館藏目錄、展覽目錄、藝術參考工具書等。易在學校、公共、大學及專門圖書館尋獲的。涵蓋各時代雕塑，而以1900年以來現代雕塑為主。第一冊包括歐洲、中東，第二冊包括美洲、東方、非洲、太平洋區。雕塑條目下，列館藏地、材質、大小。註明資料來源。

New Dictionary of Modern Sculpture. Robert Millard, ed. New York : Tudor, 1971. 328 p.

現代雕塑（家）字典。本書雖舊仍具參考價值。1960年以英文著作首次出現，譯自法文著作。純粹是雕塑家傳記，不涉及雕塑之流派、運動及主題。文章署名，列600位雕塑家，條目下列其傳略、成就、所使用之媒體材料、其風格及作品特色。每一條目附一至二件複製品資料。無全書書目。

■ 伍、應用與裝飾藝術（APPLIED AND DECORATIVE ARTS）

Applied and Decorative Arts : A Bibliographic Guide. 2nd ed. Donald L. Ehresmann. Englewood, Colo. : Libraries Unlimited, 1993. 629 p.

應用與裝飾藝術書目指引。第一版1977年出版，乃1875-1975一世紀間西文出版品之1,240筆書目，附提要。本第二版則條目數目倍之（2,482筆），而頁碼（629頁）則三倍之。時間涵蓋1875-1991。本書目附提要，涵蓋廣，分20章：導論、民俗藝術、武器兵具、陶瓷、鐘錶、時裝、琺瑯、家具、玻璃、象牙、珠寶、漆器、皮革、印章、樂器、紡織品、玩具、壁紙。本書不包括圖畫與圖像藝術、鑲嵌，因其附屬於純藝術之下，被收入 Fine Arts: A Bibliographic Guide to Basic Reference Works, Histories, and Handbooks. 3rd ed (1990)（見前）。有著者、主題二索引。本書是著者Ehresmann所著有關視覺藝術三種指引之一,其他二種,見前。

The Penguin Dictionary of Decorative Arts. John Fleming and Hugh Honour. London: Viking, 1989.

裝飾藝術字典。乃Dictionary of Decorative Art (1977)之新版。實用而涵蓋完備。著者具權威性,本書重點在家具和配件裝飾,以歐美地區為主。有4,000條目,下列說明、裝飾藝術的材料、技術、製造商、製品之特色。有些條目附書目。有精美插圖。本1989年新版,被ARBA評選為優良參考書,被收入1986-1990 Best Reference Books.

The Oxford Companion to the Decorative Arts. Harold Osborne, ed. New York : Oxford University Press, 1975; repr., 1985.　880 p.

牛津裝飾藝術手冊。本書乃1985年重印1975年之版本,增加書目於每篇文章之末。本書涵蓋範圍是The Oxford Companion to Art(見前)所不涵蓋的。本書收具創意,工精巧、外表美觀之工藝品為範圍。如皮革、陶瓷、家具、珠寶、服飾、玻璃、景觀造園、鐘錶、琺瑯、漆器、玩具、刺繡、蕾絲等。文章長短不一,著者未署名。偏重西方裝飾藝術,東方和東歐涵蓋較少。

Contemporary Designers. 3rd ed. Sara Pendergast, ed. Detroit: St. James Press, 1997. 981 p.

當代設計家傳記。第一版1984年,第二版1990年出版,包括世界設計家600位左右。本三版,刪增後,含685位。包括當代世界各國設計家,在建築、室內裝飾、展示、紡織、時裝、影片、舞台、服飾、工業等領域者。由批評家、史家和設計家執筆撰文。條目列詳細傳記、主要作品清單,個人作品或他人有關傳主之作品、及一篇批評或評鑑文章。本書有精美黑白插圖。無索引。

■ 陸、網路資源（INTERNET RESOURCES）

Key Guide to Electronic Resources: Art and Art History.
Martin Raisch and Pat Ensor, eds. Medford, N.J.: Information
Today, 1996. 128 p.

藝術與藝術史重要網路電子資源指引。本書所謂電子資源分
三類：視覺的（Optical），磁性的（Magnetic），網路的
（Network）。CD-ROM資料庫入視覺類資源；Floppy disk入
磁性資源；網路部份註記網站Website URL。電子資源條目列：
名稱、製作者、敘述者（Narrative）、價格、檢索所需設備。
有數個索引。

｜ 註釋 ｜

註1　Ron Blazek and Elizabeth Aversa, The Humanities : **A Selective
Guide to Information Sources**, 5th ed.（Englewood, Colo. :
Libraries Unlimited, 2000），pp.147-148.

註2　Nena Couch and Nancy Allen, **The Humanities and the Library**,
2nd ed.（Chicago: American Library Association, 1993），18-
20。同註1，頁157-248，Chapter 8。

chapter 7
西洋表演藝術參考資料選介

　　表演藝術（Performing Arts）之意義，一般而言是指經由公開表演之藝術或技能，包括作品、表演者、觀眾三要素。其所含的藝術類型，迄無定論，通常包括音樂、舞蹈、戲劇、影片、廣播、電視。（註1）

　　表演藝術圖書館的各類館藏差異性大，故經營管理方法不盡相同。其使用者包括戲劇作家、戲劇史家、戲劇評論家、戲劇工作者，研究工作者、觀眾。館藏資料媒體種類繁多，除紙本外，尚有視聽帶、視聽影碟、縮影片等。其原始資料相當分散，不易蒐集，二手資料甚多，有不少指引類工具書。（註2）

　　以下所列西洋表演藝術參考資料，取材於Blazek和Couch & Allen，及其他著作。（註3）

　　本章所介紹的參考資料以參考工具書為主，如該參考工具書已可透過線上（On-line）或光碟 （CD-ROM） 檢索，則加註記號＊。其他的媒體資料繁多，不在選介之列，尚祈讀者見諒。

壹、藝術通論（ARTS IN GENERAL）

Performing Arts Research : A Guide to Information Sources.
Marion K. Whalon. Detroit : Gale, 1976. 280 p.

表演藝術研究資料指引。本書是 Gale所出版 Performance Arts
Information Guide Series 之第一冊，雖舊仍有用處。本書分七
部份，以資料類型分，包括：指引、字典、百科全書、手冊、名
錄、戲劇（play）索引、戲劇和電影之評論、書目、索引、摘
要、繪圖及視聽資料。範圍涵蓋廣，除劇場（theater）和影片
外，尚包括：舞蹈、服裝、音樂、視覺藝術、文字、修辭學。

**American and English Popular Entertainment : A Guide to
Information Sources**. Don B. Wilmeth. Detroit : Gale, 1980.
465 p.

美英通俗娛性表演資料指引。本書是Gale Performance Arts
Information Series之第七冊。全書收2,500種圖書、文章和論
文。分三部分：第一部分，十九世紀以前娛性資料，以及一般性
通俗娛性表演藝術資料。第二部份，特殊類型娛性表演資料，
如西部開拓表演、滑稽歌唱表演、布偶表演等；此外，亦有影
片發明前之視覺性、機械性的娛性表演。第三部份，通俗劇場
（popular theater）之調查報告。

The Performing Arts : A Guide to the Reference Literature.
Linda Keir Simons. Englewood, Colo. : Libraries Unlimited,
1994. 244 p.

表演藝術參考文獻指引。本指引包括的學科有戲劇、舞蹈及相關
藝術，如傀儡戲、啞劇、魔術。不包括音樂、影片、電視及劇本
相關文獻。強調最近的英文文獻，但舊有標準工具書或外文工具
書亦包括。條目先以文獻類型分，下再分主題。另有數章處理二
手資料，如期刊、電子討論群、會社、圖書館和檔案室等。

The Literary Adviser : Selected Reference Sources in Literature, Speech, Language, Theater, and Film. Thomas P. Slavens. Phoenix, Ariz. : Oryx, 1985. 196 p.

文學、演說、語言、戲劇、影片之參考工具文獻指引。本書涵蓋廣，有650種參考書。以地理區和資料類型分類。有提要，以英美工具書為主。有目次，另有作者、書名、主題三索引。

Index to Characters in the Performing Arts. Harold S. Sharp and Marjorie Z. Sharp, comps. Metuchen, N. J. : Scarecrow, 1966-1973. 4 v. in 6.

表演藝術角色索引。本書自出版以來，為表演藝術中重要工具書。本索引共六卷，分裝四冊：第一卷，非音樂劇，二冊；第二卷，歌劇和音樂劇，二冊；第三卷，芭蕾舞劇，一冊；第四卷，廣播電視，一冊。每冊包含兩種資訊：(1) 依角色排列，有參照。(2) 引証符號（citation symbol），辨識書名、何種產品、幾幕、作者或作曲者、劇院名稱、首次表演時地。本索引包括上千位角色，有杜撰人物、真實人物、大角色、小角色等。

Performing Arts Biography Master Index : A Consolidated Index to over 270,000 Biographical Sketches of Persons Living and Dead. Barbara McNeil and Miranda C. Herbert, eds. Detroit, Gale, 1982. 701 p.

表演藝術人物總索引。前版1979年出版，書名不同，只包括戲劇、電影、電視之傳記資料。本二版索引，人物擴增一倍，有270,000人物傳記。據以作索引之傳記書亦由40種增加到100種。涵蓋廣，表演藝術包括：戲劇、電影、電視、古典與通俗樂、舞蹈、傀儡戲、魔術等。條目列：生卒年、傳記書之頁碼（出處）。

The Lively Arts Information Directory : A Guide to the Fields of Music, Dance, Theater, Film, Radio, and Television in the

United States and Canada.... 2nd ed. Steven R. Wasserman and Jacqueline Wasserman O'Brien, eds. Detroit : Gale, 1985. 1040 p.

美加表演藝術資訊名錄。第一版1982年出版。原訂每三年出一版，但未實現。本名錄包括表演藝術資訊範圍廣：音樂、舞蹈、戲劇、影片、廣播、電視，在美加地區的各種機構、財援單位、基金會、專門圖書館、資訊中心，教育計畫、期刊、節慶等之名錄。國家與國際性機構用關鍵詞（KWIC index）查詢，基金會則以地理和主題索引查詢。第二版有9,000款目，較前版增加1/3。本名錄取材於Gale出版的Encyclopedia of Associations (1984)。

Performing Arts Libraries and Museums of the World / Bibliotheques et musees des arts du sepectacle dans le monde. 4th ed. Andre Veinstein and Alfred S. Goulding. Paris : Centre Nationale de la Recherche Scientifique, 1992. 740 p.

世界表演藝術圖書館與博物館館藏資料。第一版1960年、第二版1967年、第三版1984年出版。本書以法文和英文兩種文字出版。以問卷方式收集資料。條目先依國家排列，再依城市排圖書館與博物館，每一條目下列：館藏大小、內容、使用規定、開放時間等。另有二索引：圖書館與博物館名稱索引、圖書館與博物館館藏索引。

■ 貳、音樂（Music）

Information on Music : A Handbook of Reference Sources in European Languages. Guy A. Marco and Sharon Paugh Ferris. Littleton, Colo. : Libraries Unlimited, 1975-1984. 3 v.

音樂參考工具書手冊。本書含歐洲語言。最初計畫是作為 Music Reference and Research Materials: An Annotated Bibliography (1975)（下一本）及其他工具書之補充。共出三冊：第一冊，一般性音樂工具參考書500本。第二冊，包括美國方面有關西方音樂工具書800本。第三冊，歐洲方面音樂工具書800本。有簡單提要。第二冊有一至二冊之索引，第三冊有一至二冊更新之資料於附錄中。

*Music Reference and Research Materials : An Annotated Bibliography. 5th ed. Vincent H. Duckles and Michael A. Keller. New York : Schirmer Books, 1997. 812 p.

音樂參考與研究資料書目。第一版1967年，第二版1974年，第三版1988年，第四版1994年出版。本書目出版以來，深受學生及教師、館員之歡迎。依工具書之類型，如字典、索引、目錄、歷史等排列，第四版共3,200種工具書，較前第三版增加1,300種。書目附提要，有人名、書名、主題三索引。第四、五版，有電子線上版。

International Music Journals. Linda M. Fidler and Richard S. James, eds. New York : Greenwood Press, 1990. 544 p.

國際音樂期刊名錄。收200種主要及專門音樂期刊。依其重要及影響選出。條目依字母順序排，其下說明其外形、內容、評價，並附參考書目。本期刊為西方世界音樂期刊有關緣起與發展之簡明名錄。附錄列最新之期刊，以及期刊之索引摘要服務。有時間、地理、主題之期刊單。並有人名、刊名索引。

Musical Periodical Literature : An Annotated Bibliography of Indexes and Bibliographies. Joan M. Meggett. Metuchen, N. J. : Scarecrow, 1978. 116 p.

音樂期刊論文書目。本書原為著者在University of Southern California之上課教材。雖舊仍有參考價值。本書分五部分：一般音樂期刊歷史；美國音樂期刊歷史；一般非音樂書目與索引中之音樂期刊文獻；特別性（區域性、國別性）非音樂資料中之音樂期刊文獻；音樂索引與書目中之音樂期刊文獻。書目有提要。此外，另有音樂期刊清單、索引。

Popular Music : A Reference Guide. Roman Iwaschkin. New York : Garland, 1986-1993. 2 v.

通俗音樂參考指引。共二冊：第一冊，5,000種書目，有些有提要。包括通俗音樂各領域，如民俗、鄉村、黑人、爵士、舞台和電影、敲擊樂、法國爵士等。有單獨部分包括傳記、教育、和樂器。另一單獨部分包括音樂事業。此外，歌曲、唱片、文學作品（小說、詩歌）亦單獨處理。有期刊名單。第二冊，補充第一冊未包括之1984-1990年間的資料。並有作者和書名索引。

*The Music Index. 1949- . Warren, Mich. : Harmonie Park Press. Monthly. Annual Cumulation.

音樂索引。將世界各國350種音樂期刊之論文做成索引。以作者和主題排列，含音樂學到音樂出版等資料。有音樂家之死亡通告（obituaries）、唱片評論、圖書評論。音樂評論列在表演者之下。本索引之主要缺點是脫期久，年刊脫6-7年，月刊脫6個月之久。近時有改善。
Music Index on CD-ROM, 1991年由Chadwyck-Healey and Harmonie Park Press發行。

Opera Plot Index. William E. Studwell and David A. Hamilton. New York : Garland, 1989. 466 p.

歌劇劇情索引。本書從10種語言之170本書中，將3,000齣歌劇及音樂劇做成索引，對象為各類讀者，如一般讀者、學生、專家。本索引可找尋作曲家、日期、劇情、批評。條目包括：歌劇名、作曲家、首演日、資料來源（出處）等。除劇情外，音樂插圖和歷史背景亦包括在內。有作曲家索引。

*RILM Abstracts of Music Literature. 1967-1999. New York : International Repertory of Music Literature. Quarterly. 33 v.

RILM音樂文獻摘要。RILM是法國機構Repertoire International de la Literature Musicale之簡稱。本論文摘要取材於3,500種圖書、期刊論文、書評、學位論文、圖像、目錄學等音樂資料，包括300種期刊，200種語文之音樂作品。每期以作者和主題做索引。第四季刊是該年前三期之彙編本。收有九大類音樂文獻，如參考資料、合編著作、民俗音樂、樂器等。摘要文字署名寫成。可透過DIALOG線上查檢，條目每年更新。亦發行CD-ROM，名稱為MUSE (Music Search)。

A Basic Music Library : Essential Scores and Books. 3rd ed. Pauline Shaw Bayne and Robert Michael Fling, eds. Chicago : American Library Association, 1997. 667 p.

音樂圖書館基本館藏書目：樂譜和錄音資料。第一版1978年，第二版1983年出版。本書可作為一般圖書館音樂書館藏發展或建立音樂圖書館之參考。第二、三版，副書名是：樂譜和圖書。適用於中小型圖書館。包括：樂譜之文集、樂譜之研究及表演版本、聲樂、樂器、方法、研究等之文獻，以及音樂參考書、期刊、傳記等。第二版修訂相當多，並於附錄增列音樂圖書經銷商名錄，有索引。第三版收3,000篇樂譜及7,000筆錄音資料，每一條目下列作曲家、曲名、出版資訊等，有索引。

The Book of World-Famous Music, Classical, Popular and Folk. 4th ed., rev. and enl. James M. Fuld. New York : Dover, 1995. 718 p.

世界著名古典、通俗、民俗音樂。第一版1966年出版。本四版包括1,300首歌曲之音樂主旋律（melody），追溯到其最初的起始,其初唱者,並有註解。本版為前版（1985）之重印,在補充部分包含本版修改處。條目本身有參照指示到補充部分。本書包括500年來聲樂和器樂音樂作品之歌曲。條目以曲名排列,附開始小節之曲調和唱詞,條目下述該曲之早期出版品及相關資料,如其表演及應用情形。資訊饒富趣味。

Dictionary of Musical Themes. Rev. ed. Harold A. Barlow and Sam Morganstern. New York : Crown, 1975. Repr., London : Faber, 1983. 642 p.

音樂主旋律字典。作者Barlow自1940年代以來努力的成果,列10,000首樂器音樂主旋律之起首數音,而非第一句之數音。排列以作曲家排,再排曲名。有樂譜記號之索引,依樂譜主旋律之C大調音名字母（CDEFGAB）排列。附曲名索引。與下一本互補。

Dictionary of Opera and Song Themes, Including Cantatas, Oratorios, Lieder, and Art Songs. Rev. ed. Harold A. Barlow and Sam Morganstern. New York : Crown, 1976. 547 p.

歌劇與歌曲主旋律字典。1950初版,書名不同。收8,000首聲樂音樂,如歌劇、清唱劇、神劇、抒情曲、藝術歌曲等。以作曲家排列,下列作品,歌曲依主旋律起首數音排列。歌劇說明幕、景、詞,並附音節。有樂譜記號之索引,以轉成C大調之音名字母（CDEFGAB）排列。有樂曲首句數行之索引。與上一本互補。

The International Cyclopedia of Music and Musicians. 11th ed. Oscar Thompson, ed. New York : Dodd, Mead, 1985. 2609 p.

國際音樂與音樂家百科全書。1939年出版以來,為單冊之最佳百科全書。包括音樂史、音樂批評、民俗音樂、歌劇、作曲等主題。文章簡明,亦有長者。有些署名,皆專家執筆。有傳記,列其作品及傳略,十一版(1985年)較前十版(1975年)增加100頁,補充1975年以來音樂發展資料。

The New Grove Dictionary of Music and Musicians. Stanley Sadie, ed. London : Macmillan; Washington, D. C. : Grove's Dictionaries of Music, 1980. Repr. with minor corrections, 1994. 20 v.

新Grove版音樂與音樂家字典。此大套字典自二十世紀初出版以來,享譽不衰。具權威性,是參考部門之上選。1985年版將1980年版修訂,共有23,000文章、8,000參照、3,000插圖、17,000傳記。英國出版品,但無成見,文章由知名學者署名寫成,美國學者多於英國學者。2001年版,比1980年版,增加50%篇幅,包括音樂與音樂家相關條目,尤其二十世紀音樂家人數大增。適合各類讀者。

International Dictionary of Opera. C. Steven LaRue, ed. Detroit : St. James Press, 1993. 2 v.

國際歌劇字典。本書共1,050條目,包括400歌劇、200作曲家、300多表演家,及許多設計家、製作者、指揮、作詞者。有450多幅插圖。條目依字母排,附索引。歌劇含著名的與不著名的。人物則有簡傳,一篇署名文章述其作品及貢獻。歌劇有作曲及製作資訊,加上一篇署名評論及書目。有國籍及劇名索引。

The New Grove Dictionary of Musical Instruments. Stanley Sadie, ed. New York : Grove's Dictionaries of Music, 1984. Repr. with corr. 1991. 3 v.

新Grove音樂樂器字典。是以百科全書方式編輯之字典。本新版比前版更具世界樂器之完備字典,尤其是非西方樂器部份。民俗樂器涵蓋周全。雖插圖有瑕疵,但各種樂器之歷史、結構、製造使用等內容極佳。

The Guinness Encyclopedia of Popular Music. 2nd ed. Colin Larkin, comp. and ed. Chester, Conn. : New England Publishing Associates, 1995. 6v.

金氏通俗音樂百科全書。為此方面最完備之參考書。本書含10,000條目，文章有長有短（150-1,300字），100位專家執筆。二十世紀通俗樂涵蓋完備，並偏重近年來之搖滾樂（Rock）。包括重要之藝人、樂團、樂種、團體、事件、樂器、出版、推廣及音樂風格。藝人包括世界各國，西方及東方。傳記有基本資料，並詮釋其影響、動機、成功等事蹟。有書目及詳細索引。1993年有簡明版，一冊，以相同書名出版。

The New Oxford Companion to Music. Denis Arnold, ed. New York : Oxford University Press, 1983. 2 v. Repr., 1990.

新牛津音樂手冊。本1983年版是Percy Scholes, The Oxford Companion to Music (10th ed.) 之修訂更新版。Scholes之書自1938年出版以來享譽不衰。本新手冊範圍更廣，國際性，偏西方。條目包括作曲家其作品、歌劇劇情、名詞、機構、理論、形式、音樂符號等。有書目。當代音樂部分較優於過去版本，有相當多插圖。以一般讀者為對象。

A History of Western Music. 7th ed. Donald Jay Grout and Claude V. Palisca. New York : W. W. Norton, 2006. 965 p.

西洋音樂史，第一版1960年出版以來，是優良教科書。本書第四版（1988）和前版有顯著的改變，因Grout逝世於1987年，Palisca重寫不少篇幅，特別是早期音樂部分。有語彙表和書目，以及音樂發展年表。有插圖、配合音樂角色及各時期之發展。有人名、書名、主題三索引。修訂快，已出到第七版。Norton公司，前此有Paul Henry Lang, Music in Western Civilization (1941) 一書，乃於社會、政治、文化之背景中，探討音樂之發展歷史，亦可參考。

New Oxford History of Music. London : Oxford University Press, 1954-90. 10 v. 2nd ed., 1990- .

新牛津音樂史。此書十冊，綿亙三十六年（1954-90）才出全。每冊由專家執筆。是詳細又權威之音樂歷史書。十冊細目如下：(1) Ancient and Oriental Music, by Egon Wellesz, 1957. (2) Early Medieval Music up to 1300, by Dom Anselm Hughes and Gerald Abraham 1954; 2nd ed. by Richard Crocker and David Hiley, 1990. (3) Ars Nova and the Renaissance, 1300-1540, by Dom A. Hughes and Gerald Abraham, 1960, 1977. (4) The Age of Humanism, 1540-1630, by Gerald Abraham, 1968, 1988. (5) Opera and Church Music, 1630-1750, by Nigel Fortune and Anthony Lewis, 1975, 1986. (6) Concert Music, 1630-1750, by Gerald Abraham, 1986. (7) The Age of Enlightenment, 1745-1790, by Egon Wellesz and Frederic W. Sternfield, 1973, 1981. (8) The Age of Beethoven, 1790-1830, by Gerald Abraham, 1982, 1985. (9) Romanticism, 1830-1890, by Gerald Abraham, 1990. (10) Modern Age, 1890-1960, by Martin Cooper, 1974.
1990年開始，修訂的第二版分年分冊出版。

Baker's Biographical Dictionary of Musicians. 8th ed. Nicolas Slonimsky. New York : Schirmer Books/Macmillan, 1992. 2115 p.

音樂家傳記字典。第一版1900年出版。本八版包括世界自古迄今，已逝及現存的音樂家14,000人。過去被批評現存的表演家條目較少，本版增加1,100款目，並修訂已在前版存有之1,300條目。這些條目大多數是當代通俗歌手或搖滾歌手，並強調各族群音樂家及女性音樂家。除表演者和作曲者外，尚有指揮、學者、教育家、圖書館員。每篇傳記長至數頁短只數行，包括書目和作曲家作品單。

本書之簡縮本為：Slonimsky's The Concise Baker's Biographical Dictionary (Schimer / Macmillan, 1993)，含 5,000條目，1,407頁。

Bibliography of Discographies. New York : R. R. Bowker, 1977-1983. 3v.

錄音資料（唱片、CD）書目。此套書計畫出五冊，迄今出三冊。每冊不同類音樂：第一冊，古典樂，Classical Music, 1925-1975, by Michael H. Gray and Gerald D. Gibson (1977)，含3,000條目，依作曲家、演奏者或主題排列，注明資料來源（圖書或期刊），但未評論該錄音資料之優劣及完整程度。所有歐語作品皆包括在內。其補篇為：Gray, Classical Music Discography, 1976-1988: A Bibliography. (Greenwood Press, 1989). 第二冊，爵士樂，Jazz, by Danial Allen (1981)，收1935-1980出版之3,500條目，含爵士、藍調音樂等有關的錄音資料。編排方式與第一冊相同。第三冊，通俗樂，Popular Music, by Michael H. Gray，含1982年以前之搖滾樂、電視配樂、舞台劇音樂、鄉村音樂、老式歌曲、肯達基藍草音樂，以及通俗歌謠之錄音資料。其他二冊尚未出版。第四冊，將是族群與民俗樂Ethnic and Folk Music。第五冊，將是一般錄音資料General Discographies。

以上一至三冊已出之各冊，在 The Journal of the Association for Record Sound Collection期刊中，闢專欄 "Bibliography of Discographies"以補充出版後之才出現的新錄音資料。

參、舞蹈

A Bibliography of Dancing : A List of Books and Articles on the Dance and Related Subjects. Paul David Magriel. New York : H. W. Wilson, 1936. Repr., New York : Blom, 1966. 229 p.Supplement. 1936-1940. 1941.

舞蹈及相關主題書目。本書雖舊仍是標準書目。共4,300條目，包括舞蹈及相關之音樂、裝飾、服裝、化妝、笑劇、默劇之圖書和期刊論文。舞蹈含民俗舞蹈（土風舞）和芭蕾舞。罕見之圖書、期刊皆包括在內，並註明館藏地，如：LC、Harvard、NYPL等。有些有提要，以主題編排。有作者索引以及較細之主題索引。

The International Encyclopedia of Dance. Selma Jeanne Cohen, ed. Berkeley, Calif. : University of California Press, 1998. 6 v.

國際舞蹈百科全書。六冊，共4,000多頁。包括2,000篇文章，2,300插圖，由50國家650位學者執筆之署名文章。依字母順序排，內容涵蓋廣，有各種舞蹈，劇場、儀式、土風、民俗、社交等舞蹈。

The Dance Encyclopedia. Rev. and enl. ed. Anatole Chujoy and Phyllis Winifred Manchester, comps. New York : Simon & Schuster, 1967. 992 p.

舞蹈百科全書，第一版1949年出版，受到好評。本修訂增補本，款目較前版增加一倍，共有5,000篇文章。包括各種類型舞蹈：芭蕾舞為其重點，收人物、主題、角色，份量頗多。各類型舞蹈亦有長篇文章，由專家執筆。大部份文章署名。有人物傳記、各類舞蹈、名詞釋義。個別芭蕾舞劇，介紹其大綱、劇本、設計者、作曲家、原始舞者、表演日期。尤長於美國之芭蕾舞劇。

International Dictionary of Modern Dance. Taryn Benbow-Pfalgraf and Glynis Benbow-Niemier. Detroit: St. James Press, 1998. 891 p.

國際現代舞蹈字典。本書含二十世紀425位舞者、編舞者、教師、舞台設計者、作家等之傳略,並含舞蹈名詞、舞蹈公司與舞蹈團等條目。重心在現代舞蹈,即是在劇場中表演具通俗性質的舞蹈,故不含芭蕾舞與社交舞。舞者條目列其事業、獎項、著作,及一篇評論文章。有不少黑白照片。有年表、書目、索引。

Theatre in the East : A Survey of Asian Dance and Drama. Faubion Bowers. New York : Nelson, 1956. Repr., New York : Books for Libraries, 1980. 374 p.

東方舞蹈與戲劇。本書以專章研究東方十四國家之舞蹈與戲劇。包括民俗舞蹈、傳統舞蹈和現代舞蹈之歷史綜觀。十四國是:印度、錫蘭、緬甸、泰國、柬埔寨、寮國、馬來西亞、印尼、菲律賓、中國、越南、香港、琉球、日本。有很多插圖,不少是Life雜誌攝影師之作品。作者夫婦親自走訪上述各國而編成此優良著作。

Complete Stories of the Great Ballets. Rev. and enl. ed. George Balanchine. New York : Doubleday, 1977. 838 p.

偉大芭蕾舞劇故事大綱。初版1954年,修訂版1968年,以不同書名出版。本版收400齣芭蕾舞劇,主要部份之故事及評論由著名的Balanchine執筆。此外,含有關歷史、年表、事業之部分:一篇如何欣賞芭蕾之文章:並對舞者、舞蹈和劇本加以註解。有語彙表,附插圖,有一般書目、分析索引。
此外,George Balanchine and Francis Mason, 101 Stories of the Great Ballets (Anchor/Doubleday, 1989) 一書,包含1968-75年之芭蕾舞劇。

The Concise Oxford Dictionary of Ballet. 2nd ed. upd. Horst Koegler, New York : Oxford University Press, 1987. 458 p.

簡明牛津芭蕾舞字典。1977出版第一版,基於德文本,為標準本。1982年為第二版。此1987版為1982版之更修版。本更修版並不取代第一版，因刪節不少，加上較合時宜之新主題。本簡明字典對芭蕾舞提供解釋、辨識和定義。條目有傳記，附更進一步研讀書目。包括不少個人傳記，其中不少新人。涵蓋廣而周全，除芭蕾舞外，尚涵蓋現代舞與民族舞蹈。

International Dictionary of Ballet. Martha Bremser, ed. Detroit : St. James Press, 1993. 2 v.

國際芭蕾舞字典。800條目包括自十六世紀文藝復興迄於當代之芭蕾舞，每筆條目長達兩頁，依字母順序排列：芭蕾舞、芭蕾舞公司、人物（舞者、劇本編者、設計者、作曲者、教舞教師）。由專家執筆，並提供閱讀書目。有插圖550幅。

A Dictionary of Ballet, by George Buckley Wilson, 3rd ed. (London: A&C Black, 1974) 仍可參考。其2,500款目包括芭蕾舞各方面：歷史、劇本、個別舞劇、舞台設計、芭蕾舞公司及各類人物。重點在古典芭蕾舞，以英、法、西德、美國為主，亦稍觸及西班牙舞蹈、印地安舞蹈和現代舞蹈。

Biographical Dictionary of Dance. Barbara Naomi Cohen-Stratyner. New York : Schirmer Books/Nacmillan, 1982. 970 p.

舞蹈家傳記字典。本書涵蓋四百年來，歐洲和美國之舞蹈和表演人物3,000人。人物如表演者、劇作家、作曲家、經理人、設計者、理論家、教師。條目依人名字母排列，下列其教育、訓練、發展與成就，特別重視其角色之扮演及劇作之產品。現有舞蹈形式皆涵蓋：歌劇、芭蕾舞、脫衣舞、百老匯音樂劇，以及電視之各種表演。本書之特點是，其他書不易查到之不甚著名之人物，此處涵蓋之。

Dance History: An Introduction. 2nd ed., rev. and upd. Janet Adshead-Lansdale and June Layson. New York: Routledge Kegan Paul, 1994. 289p.

舞蹈史導論。涵蓋舞蹈發展歷史。本書可作為學生教科書，全書編排組織完整，內容完備。附註引用書目具實用性，索引方便使用。

■ 肆、劇院與戲劇（Theater and Drama）

A Guide to Reference and Bibliography for Theatre Research. 2nd ed. rev. and exp. Claudia Jean Bailey. Columbus, Ohio : Publications Committee, Ohio State University, 1983. 149 p.

戲劇研究之參考書及書目指引。本書收650本參考書及書目，出版日期在1979年以前者。對象針對讀者和學生。本指引分二部分：(1) 一般參考書、標準工具書、國家書目、圖書館目錄、期刊論文索引、報紙、學位論文。(2) 戲劇方面專門資料，以英美劇場和戲劇為主。其編排兩部分皆是以作者、地理、年代之次序排列。最後有作者／書名索引。

International Bibliography of Theatre. 1985- . New York : Theatre Research Data Center, Brooklyn College, City University of New York; distr., New York : Publishing Certer for Cultural Resources, 1985- . Annual.

國際戲劇書目。涵蓋廣之年刊。但其不按年出版，有脫年現象。如：1985年刊包括1982年資料，1986年刊包括1983年資料，而1993年刊包括1988-89年之資料。除此缺點外，是相當重要之書目。由於電腦輔助編排，圖書與期刊涵蓋多種語文，英、法、德、義、波蘭、俄、北歐、西班牙等語文之出版品皆包括在內。共6,000條目，依主題編排，涵蓋圖書、期刊論文、文章、學位論文，以及戲劇文獻之其他參考工具書。

Play Index. 1949/52- . New York : H. W. Wilson, 1952- .

戲劇索引。1949年至1997年共出九冊。約五至十年出版一冊，如1997年冊，涵蓋1988-1992。每冊皆由不同編者編輯，如：Dorothy H. West, Estelle A. Fidell, Juliette Yaakov等。本索引，收一幕、全本、兒童劇的劇本，單獨出版的劇本，或收在合集內的劇本。所有劇本皆英語劇本，亦有其他語言之英語翻譯劇本。每冊收4,000劇本。以字典式把作者、書名、主題混合依字母順序排列。附劇本合集之清單。有卡司（演員陣容）分析。有出版社名錄。僅Play Index, 1988-92（1993）一冊，即收4,397劇本。在之前1949至1993出版之各冊中，已收30,000劇本。

Drama Criticism : Criticism of the Most Significant and Widely Studied Dramatic Works from All the World's Literature. 1991- . Lawrence J. Trudeau. Detroit : Gale Research, 1991- .

戲劇批評。本年刊包括世界最重要之戲劇作品之批評。如：第一冊（1991年）包括14位世界著名劇作家，如Arthur Miller, Lillian Hellman, Yukio Mishima, Karel Capek。第二冊（1992年）：Ibsen, Camus, Aristophanes, Wale Soyinka。第三冊（1993年）：Dryden, Kyd, Brecht, Ntozake Shange。以後逐年出版。每位劇作家下附傳略及批評，批評家或其他劇作家之批評。

The Crown Guide to the World's Great Plays : From Ancient Greece to Modern Times. Rev., updated ed. Joseph T. Shipley. New York : Crown, 1984. 866 p.

世界偉大劇本指引。第一版1956年出版。本指引包括古希臘至現代「偉大」劇本750條目，其中不含現代較新之戲劇類型。本版對前版有增有刪，如舊劇本具現代意義亦增收入。一幕劇和希臘劇現仍表演的皆收入。各條目列：故事內容、劇本歷史、製作、評論、摘要、卡司說明。雖有人質疑著者Shipley的「偉大」如何界定其意義，因含有通俗劇在內。但此書仍有參考價值。

McGraw-Hill Encyclopedia of World Drama : An International Reference Work. 2nd ed. Stanley Hockman, ed.-in-chief. New York : McGraw-Hill, 1984. 5 v.

世界戲劇百科全書。第一版1972年出版。本二版修訂前版，使各國之國家及族群之戲劇涵蓋更完整。本百科文筆優美、插圖實用。重點在劇作家，佔文章之大多數。每一劇作家下列：傳略、劇作之批評、重要劇本之大綱、版本書目、收在文集或合集中之參照資料。傳記及批評附參考文獻。戲劇公司及無名作者劇本亦收在內，大部份文章署名撰寫。第五冊是全書總索引。

The Cambridge Guide to Theatre. New ed. Martin Banham, ed. Cambridge, England : Cambridge University Press, 1995. 1,233 p.

劍橋戲劇指引。第一版1988年，更新增訂版1992年出版，標題不同，為The Cambridge Guide to World Theatre。本版探討世界各國戲劇之歷史及製作。包括：人物、技巧、各種問題和主題，常為其他同類書籍所忽略的。雖與Oxford Companion to the Theatre有相同處，皆重通俗文化及現代之影響，但戲劇之各方面皆涵蓋，從製作到理論、到版權之法律考量，為本書之特色。共200條目，由25國專家署名寫成。有書目、插圖。
至於The Oxford Companion to the Theatre. 4th ed. (corr., 1993, 934 p.)最早於1951年出第一版。四版（1983年）有增冊，不取代第三版。涵蓋廣，世界各地各類型戲劇及相關領域如芭蕾舞、歌劇等，增強英美之部份，以及新主題如"Ohicano Theatre" 等。

History of the Theatre. 8th ed. Oscar G. Brockett. Boston: Allyn and Bacon, 1998. 720 p.

戲劇史。第一版1968年出版，為單冊最佳者。本八版綜觀原始社會到當代之舞台戲劇。研究及探討皆佳。雖以世界戲劇為範圍，重點卻放在歐洲戲劇，美國依附之。其次重視東方戲劇。希臘、羅馬、和文藝復興部份最佳。表演執行、建築及戲場情況亦含在內。有選擇性書目及索引。

The History of World Theatre. Margot Berthold and Felicia H. Londre. New York: Continuum, 1972-1991. 2v.

世界戲劇史。第一冊1972年、第二冊1991年出版。第1冊為Berthold著，涵蓋至巴洛克（Baroque）時期。第2冊為Londre著，涵蓋英國王權復興（English Restoration）時期迄今。包括古代儀式戲劇以來，迄今之各種趨勢和發展。從歷史學、人類學和美學之影響方面透視戲劇發展。讀者對象為專業人士及一般讀者。

The Great Stage Stars : Distinguished Theatrical Careers of the Past and Present. Sheridan Morley. New York : Facts on File, 1986. 425 p.

偉大舞台明星傳記字典。本書含200位人物傳記，時間橫亙400年。重點在倫敦之舞台，紐約次之。人物以過世的為主，有現今存活者皆非年輕明星。著者乃Robert Morley之子，戲劇傳記之作家兼批評家，其文筆優美，融合批評家之評論與表演者本身之話語。所收200位人物中，50位附照片。

■ 伍、影片、廣播、電視（ Film,Radio,Television and Video ）

Film : A Reference Guide. Robert A. Armour. Westport, Conn. : Greenwood Press, 1980. 251 p.

影片參考指引。本書內容詳實易用，作為影片研究之指引。以文章形式寫作，分章討論：影片歷史、製作、各類影片之批評、主要演員、導演等。每章介紹參考工具書及期刊。各章皆附書目。附錄有美國影片之年表、影片研究館藏之敘述。

Film, Television, and Video Periodicals : A Comprehensive List. Katharine Loughney. New York : Garland, 1991. 431 p.

影片、電視、錄影之期刊名錄。本書含900種期刊，以英語期刊為主，亦包括外語期刊。內容涵蓋廣，從學術性期刊Film Criticism到技術性期刊Broadcast Engineering、通俗性期刊TV Guide皆有。條目依期刊名稱排列，下列相關資訊、30-50字提要。有參照。有國家、文類（Genre）、性質、刊名索引。最值得重視的是錄影相關期刊275種。

Film Theory and Criticism : Introductory Readings. 5th ed. Gerald Mast and Marshall Cohen, comps. New York : Oxford University Press, 1999. 861 p.

影片理論與批評導讀。本書以選擇文章妥當獲得好評。1974年出第一版。第四版（1992）與前三版（1985）的選文多有重覆。包括影片理論與批評家之文章，亦有新批評家之文章。所選文章與電影理論、影片本身、媒體形式和觀眾有關。文章長度20-30頁。四版較三版少50頁。五版較四版多19篇文章，共68位撰著者。

The International Film Index, 1895-1990. Alan Goble, ed. New Providence, N. J. : K. G. Saur. 1991.

國際影片索引。編者Goble歷經二十年時間獨力編成本書。共232,000條索引，包括177,000影片，選自25,000導演之作品。從400本參考工具書選出來，該書目附於第二冊之末。90%影片是歐洲及美國影片，之外有120國家之影片。影片包括：主題影片、動物影片、藝術影片、紀錄片、短片等。第二冊有導演名錄，列其國籍、出生日期、及影片年表。本作品綜合了各參考工具書之長，彌補過去缺乏此方面索引之遺憾。

The Film Index : A Bibliography. Writers Program of the Work Projects Administration of the City of New York.

v. 1, New York : H. W. Wilson, 1941. Repr., Kraus, 1988.

v. 2, New York : Kraus International, 1985.

v. 3, New York : Kraus International , 1985.

影片索引。此影片索引三冊，跨四十四年（1941-1985）才出全。第一冊：影片藝術The Film as Art，含電影歷史、技術、和各類之圖書和文章。基於紐約現代藝術博物館（Museum of Modern Art）和紐約公共圖書館（New York Public Library）館藏編輯。第二冊：影片工業The Film as Industry，含英語資料（不含報紙）及期刊論文，基於紐約公共圖書館館藏編輯。以主題排列。第三冊：影片與社會The Film in Society，有關教育、檢查、道德、宗教等方面之圖書及期刊論文。書目皆附提要。

Film Review Index. Patricia King Hanson and Stephen L. Hanson, eds. Phoenix, Ariz. : Oryx Press, 1986-1987. 2 v.

影片評論索引。本索引是8,000部影片評論之最完備的索引，跨100年影片製作史。第一冊：1882-1949年。第二冊：1950-1985年。所選之影片乃眾所喜愛及受歡迎，以及有受歡迎潛力者。條目依美國出品之片名排列，外國出品作參照。條目列：國家、導演、日期、評論之資料出處。有導演、國家、年份之索引，在第二冊。

The New York Times Encyclopedia of Film. Gene Brown and Harry M. Geduld, eds. New York : Times Books, 1984. 13 v.

紐約時報影片百科全書。收1896-1979年紐約時報上有關影片之文章，依年代排列。包括新聞、人物、訪問、報告、推廣，但避開評論文章。含很多插圖，但被批評複製不佳。各種主題皆有，人物文章佔很大部分。人物廣，有製作人、評論人、批評人、新聞通訊員、表演者。有一冊索引。

A Biographical Dictionary of Film. 3rd ed. David Thomson. New York : Morrow, 1995. 834 p.

影片傳記索引。第一版1976年，第二版1981年出版。本第三版擴增至1,000人，包括演員和導演。著者Thomson是英國人，本書自出版以來，即被評為文筆機鋒、文雅，但個人意見太多。本書三版文筆維持過去一貫風格。本書為此領域重要參考書。

International Motion Picture Almanac. 1929- . New York : Quigley, 1929- . Annual.

國際電影年鑑。自1929年出版以來，為重要年鑑。本年鑑提供各種資訊和統計資料。有"who's who"，是有關影片人物之傳略。此外，有影片、公司、設備、服務、機構、組織、宣傳、市場、出版、非戲劇電影、檢查制度等主題。除美國外，亦提供英國和愛爾蘭之資訊。

Radio and Television : A Selected, Annotated Bibliography. William E. McCavitt, comp. Metuchen, N. J. : Scarecrow, 1978. 229 p.
　　Supplement. One : 1977-1981, 1982, 155 p.
　　Supplement. Two : 1982-1986, 1987.

廣播與電視提要書目。本書正編提供1926-76年間1,100條目，是有關廣播與電視之書目。大分21類主題，如歷史、規章、組織、廣播、聽眾等。其下再細分類。被批評主題分散、不易檢索。有二次補篇出版，補充資料到1986年。

Television & Cable Fact Book. 1982- . Washington, D. C. : Television Digest. Annual.

電視事實參考年刊。有關無線及有線電視最有用之參考工具。以兩種獨立出版品形式出版：(1) 無線電視冊，包括技術、設備、所有人、員工、收費、觀眾等。以美國電視台為主，先列州、次城市。此外有加拿大電視台和國際電視台，分別排列。(2) 有線電視及服務冊，列相關資料。自1981年起，本書有補充冊，每週出刊，Television and Cable Action Update說明影響電視及電視網之活動。

此外，尚有其他電視出版品可為參考：*Television Digest Weekly. 1982- . (Online thru NewsNet). The Home Video and Cable Report. Weekly, 1982- . (Knowledge Industry Publication). Bacon's Radio / TV Directory. Annual, 1986- . (Bacon's Information)。

The Video Register and Teleconferencing Resources Directory. 1978/79- . White Plains, N. Y. : Knowledge Industry Publications, 1979- .

錄影及視訊會議資源名錄年刊。第十一版（1989）年刊，繼續提供以下資訊：製作商、電話會議供應與服務單位、代理商、顧問、有線存取中心Cable Access Center、節目經銷代理商、商務學會研討會、出版品等之名錄。本年刊是由Video和Teleconferencing兩名錄綜合成一出版品。兩者資訊提供相當平均，提供兩者之主要及次要資源。兩部份皆有導言、個別索引。可尋得別處不易得之資訊。

*Bowker's Complete Video Directory. 1990 - . New Providence, N. J. : R. R. Bowker. Irregular.

錄影資料名錄。不定期刊物，可能會定期成年刊。列有Videotape,Videodisc資料，依名稱（title）排列。每一條目列簡單提要，並提供購買及尋辨資訊。有主題和其他數個索引。
與另一書目The Video Source Book共享錄影領域重要參考書之名聲。該書原由National Video Clearinghouse於1979年開始以年刊出版，後由Gale Research (Detroit) 接手。
此外，在此之前，Bowker出版Variety's Complete Home Video Directory (Annual)，提供娛樂、文化、以及一般興趣之家庭錄影資料之資訊。同時以CD-ROM發行。有提要及評論家庭錄影帶及影碟。

｜ 註釋 ｜

註1　Ron Blazek and Elizabeth Aversa, **The Humanities : A Selective Guide to Information Sources**, 5th ed.（Englewood, Colo. : Libraries Unlimited, 2000）, pp. 249-250.

註2　Nena Couch and Nancy Allen, **The Humanities and the Library**, 2nd ed.（Chicago: American Library Association, 1993）, pp. 178-189.

註3　同註1，頁259-397，Chapter 10。同註2，頁184-190，165-169。

後記

當代人類知識分為人文學、社會科學，自然與應用科學，是便於學術研究，分科太細，往往見樹不見林，不見知識之全貌。而知識之大用應是融合諸家學說，觸類旁通；因此各學科之間整合而整體研究，完成一體用兼備的知識體系，亦是當今學術界大師所亟思解決的問題。

人文學，長久以來，作為教育體系中通識教育的基礎，而人文素養更為當今先進國家科技高度發展下，國民品質的一項指標。人文學各學科所倡導的知識內涵對國民品質的提昇，國民氣質的涵育，被視為最有直接的關係。人文學各學科的研究亦被視為各國學術成就的指標。

本書之作，在介紹西洋人文學重要參考資料，本意在導引圖書資訊學系所同學修習課程，為將來從事圖書館參考服務之準備，或亦可作為人文學者從事蒐尋研究資料之參考。本書介紹之資料以紙本媒體為主，亦對其他媒體，如電腦資料庫、光碟等有所討論。一般論者認為，未來參考服務之發展方向，是朝向發展線上檢索系統，整合圖書資源，利用網路，建構虛擬圖書館的方向邁進。在此情況下，圖書館學及資訊科學系所在培育其學生時，課程宜有所調整，圖書館及資訊中心亦宜在培訓其館員時，加強館員在職訓練及繼續教育。如此，則圖書館的參考服務可與時俱進，繼續扮演其協助學者閱讀與研究的使命。

參考書目

Guide to Reference Books. 10th ed. Eugene P. Sheehy. Chicago : American Library Association, 1986.
Supplement 1985-1990, 1992.
Guide to Refernce Materials. 6th ed. A. J. Walford, ed. London : The Library Association, 1993-94. 3 vols.
v.2, Social & Historical Sciences, Philosophy, & Religion.
v.3, Generalia, Language & Literature, the Arts.
The Humanities : A Selective Guide to Information Sources. 5th ed. Ron Blazek, and Elizabeth Smith Aversa. Littleton, Colo. : Libraries Unlimited, 2000. (2nd ed. by Robert A. Rogers,1979) (3rd ed. by Blazek & Versa, 1988) (4th ed. by Blazek & Versa, 1994)
Information Resources in the Humanities and the arts. 6th ed. Anna H. Perrault and Elizabeth Aversa; with contributing authors Cynthia Miller and Sonia Wohlmuth. Santa Barbara, Calif.: Libraries Unlimited, an imprint of ABC-CLIO, 2013. (To be published)
The Humanities and the Library. Lester Asheim. Chicago : American Library Association, 1957.
The Humanities and the Library. 2nd ed. Nena Couch and Nancy Allen, eds. Chicago : American Library Association, 1993.
The Humanities in Western Culture : A Search for Human Values. 10th ed. Robert C. Lamm. Madison Dubuque, Iowa ： Brown & Benchmark Publishers, 1996.
Internet Compendium : Subject Guides to Humanities Resources. Ed. by Louis Rosenfeld, Joseph Janes, and Martha Vander Kolk. New York : Neal-Schuman, 1995.
Reference Books in the Social Sciences, and Humanities. Rolland E. Stevens and D. C. Davis, Jr. Urbana, Ill. : Illini Union Bookstore, 1977.
Reference Work in the Humanities. Edmund F. Santa Vicca. Metuchen, N. J. : Scarecrow, 1980.
Walford Guide to Current British Periodicals in the Humanities and Social Sciences. A. J. Walford, ed. London : Library Association, 1985.

二十世紀之科學。劉世超等編。臺北：正中書局，民國55年。第八至十二輯：人文科學之部。
西洋人文學文獻概論。曾素宜編著。臺北：中西留學出版社，民國70年。
人文學概論。四版。沈君山主編；顏元叔等著。臺北：東華書局，民國78年。

人文學概論。四版。李亦園、呂正惠、蔡源煌編著。臺北：國立空中大
　學，民國83年。

人名索引

書名索引

書名有＊者，可透過線上檢索或 CD - ROM 查檢。
書名起首冠詞 A 與 The，排序時，予以略過不排。

學習新知類　PD0013

西洋人文學參考資料選目及提要
The Humanities Reference Sources
A Selected Annotated Bibliography

作　　　者／盧秀菊
責任編輯／蔡曉雯
圖文排版／陳姿廷
封面設計／陳佩蓉

發 行 人／宋政坤
法律顧問／毛國樑　律師
出版發行／秀威資訊科技股份有限公司
　　　　　114台北市內湖區瑞光路76巷65號1樓
　　　　　電話：+886-2-2796-3638　傳真：+886-2-2796-1377
　　　　　http://www.showwe.com.tw
劃撥帳號／19563868　戶名：秀威資訊科技股份有限公司
　　　　　讀者服務信箱：service@showwe.com.tw
展售門市／國家書店（松江門市）
　　　　　104台北市中山區松江路209號1樓
　　　　　電話：+886-2-2518-0207　傳真：+886-2-2518-0778
網路訂購／秀威網路書店：http://www.bodbooks.com.tw
　　　　　國家網路書店：http://www.govbooks.com.tw

2013年2月BOD一版
定價：220元
版權所有　翻印必究
本書如有缺頁、破損或裝訂錯誤，請寄回更換

國家圖書館出版品預行編目

西洋人文學參考資料選目及提要 / 盧秀菊著.--
一版. -- 臺北市：秀威資訊科技, 2013.02
　　面；　公分. -- (學習新知 ; PD0013)
BOD版
ISBN 978-986-326-056-1(平裝)

1. 人文學　2. 目錄　3.提要

016.119　　　　　　　　　　　101027358

讀者回函卡

感謝您購買本書，為提升服務品質，請填妥以下資料，將讀者回函卡直接寄回或傳真本公司，收到您的寶貴意見後，我們會收藏記錄及檢討，謝謝！
如您需要了解本公司最新出版書目、購書優惠或企劃活動，歡迎您上網查詢或下載相關資料：http:// www.showwe.com.tw

您購買的書名：＿＿＿＿＿＿＿＿＿＿＿＿＿＿＿＿＿＿＿＿＿＿

出生日期：＿＿＿＿＿年＿＿＿＿＿月＿＿＿＿＿日

學歷：□高中 (含) 以下　　□大專　　□研究所 (含) 以上

職業：□製造業　□金融業　□資訊業　□軍警　□傳播業　□自由業
　　　□服務業　□公務員　□教職　　□學生　□家管　　□其它＿＿＿

購書地點：□網路書店　□實體書店　□書展　□郵購　□贈閱　□其他

您從何得知本書的消息？
　　□網路書店　□實體書店　□網路搜尋　□電子報　□書訊　□雜誌
　　□傳播媒體　□親友推薦　□網站推薦　□部落格　□其他＿＿＿＿＿＿

您對本書的評價：(請填代號　1.非常滿意　2.滿意　3.尚可　4.再改進)
　　封面設計＿＿＿　版面編排＿＿＿　內容＿＿＿　文／譯筆＿＿＿　價格＿＿＿

讀完書後您覺得：
　　□很有收穫　□有收穫　□收穫不多　□沒收穫

對我們的建議：＿＿＿＿＿＿＿＿＿＿＿＿＿＿＿＿＿＿＿＿＿＿＿

＿＿＿＿＿＿＿＿＿＿＿＿＿＿＿＿＿＿＿＿＿＿＿＿＿＿＿＿＿＿＿＿

＿＿＿＿＿＿＿＿＿＿＿＿＿＿＿＿＿＿＿＿＿＿＿＿＿＿＿＿＿＿＿＿

＿＿＿＿＿＿＿＿＿＿＿＿＿＿＿＿＿＿＿＿＿＿＿＿＿＿＿＿＿＿＿＿

11466
台北市內湖區瑞光路 76 巷 65 號 1 樓

秀威資訊科技股份有限公司　　　收

BOD 數位出版事業部

⋯⋯⋯⋯⋯⋯⋯⋯⋯⋯⋯⋯⋯⋯⋯⋯⋯⋯⋯⋯⋯⋯⋯⋯⋯⋯⋯⋯⋯⋯⋯⋯

（請沿線對折寄回，謝謝！）

姓　　名：＿＿＿＿＿＿＿＿　年齡：＿＿＿＿　性別：□女　□男

郵遞區號：□□□□□

地　　址：＿＿＿＿＿＿＿＿＿＿＿＿＿＿＿＿＿＿＿＿＿＿

聯絡電話：(日) ＿＿＿＿＿＿＿＿＿　(夜) ＿＿＿＿＿＿＿＿＿

E-mail：＿＿＿＿＿＿＿＿＿＿＿＿＿＿＿＿＿＿＿＿＿＿